NEUES FACHWÖRTERBUCH

Till Nassif

New Economy @Internet

COMPACT VERLAG

Der Inhalt des Werkes wurde sorgfältig erarbeitet und überprüft. Dennoch übernehmen Autor und Verlag für die Richtigkeit von Angaben und Hinweisen sowie für eventuelle Druckfehler keine Haftung.

Chefredaktion: Ilse Hell
Text: Till Nassif
Redaktion: Anke Pennig, Bianca Müller
Produktion: Martina Baur
Umschlaggestaltung: Inga Koch
ISBN 3-8174-7099-1
7170991

Besuchen Sie uns im Internet: www.compactverlag.de

Vorwort

Heute gehen wir nicht mehr zur Bank, um den Sparstrumpf zu leeren. Statt dessen führen wir unsere Bankgeschäfte online vom heimischen Schreibtisch aus. Wir chatten mit unseren Freunden auf der Datenautobahn, e-mailen oder senden eine SMS. Der Einkaufsbummel wird heutzutage bequem mit einem Mausklick erledigt: Wir begeben uns auf einen der zahlreichen Internetmarktplätze und genießen das unerschöpfliche virtuelle Warenangebot.

Keine Frage – die Welt befindet sich im Wandel. Kreativität, Mobilität und Flexibilität sind heute so gefragt wie nie zuvor. Die weltweite Vernetzung des Internets beeinflusst maßgeblich unser ökonomisches Denken und Handeln. Bei allen Versuchen, aus Ideen Geld zu machen, ist ein Wissensvorsprung oft unbezahlbar. Entscheidend ist, sich Informationen rasch zu beschaffen und ebenso schnell darauf reagieren zu können. Nur wer in der Lage ist, innerhalb kürzester Zeit eine Vielzahl an Informationen aufzunehmen, zu interpretieren und auf neue Trends zu reagieren, kann in der modernen Arbeitswelt Erfolg haben.

Die New Economy verlangt neue Wege der Kommunikation. Sie spricht ihre eigene Sprache, deren Beherrschung angesichts der rasanten Entwicklungen in Wirtschaft und Technik unerlässlich wird. Jeder Einzelne wird täglich in Zeitung, Fernsehen und Internet mit den aktuellen Begriffen konfrontiert, allerdings wird selten erklärt, was sich dahinter verbirgt.

Dieses praktische Nachschlagewerk bietet kompetente Information und Unterhaltung beim Eintauchen in eine atemberaubende virtuelle Realität. Es erläutert über 1 000 aktuelle Begriffe aus Wirtschaft, Technik und den neuen Medien. Das anwenderfreundliche Verweissystem macht auf verwandte Themengebiete und deren Verwendung aufmerksam. Mit zahlreichen Beispielen werden die Begriffe untereinander in Beziehung gesetzt und komplexe wirtschaftliche und technische Zusammenhänge verdeutlicht.

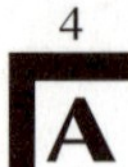

AAC
→ **Advanced Audio Coding**

Abandonware
Software, die von ihrem Hersteller nicht mehr vermarktet wird, über andere Quellen, z. B. über das Internet, aber weiter zu beziehen ist (von „to abandon“ = „verlassen“).

Abilene
Breitbandiges Hochgeschwindigkeitsnetz, das Forschungseinrichtungen in den USA miteinander verbindet. Wird auch als → **Internet 2** bezeichnet.

Accelerator
„Gaspedal“ oder „Beschleuniger“; hinter dem Begriff versteckt sich eine Person oder ein Unternehmen, das einem → **Start-up** Infrastruktur in Form von Räumen und Computern zur Verfügung stellt, aber auch beim Aufbau des Geschäfts beratend zur Seite steht. Dadurch soll der Aufbau der Firma wesentlich beschleunigt werden, um z. B. den → **First Mover Advantage** zu nutzen. Als Gegenleistung erfolgt meist eine Beteiligung am Unternehmen.

Active Aging
Alterungsprozess, bei dem die Menschen aber gleichzeitig körperlich und geistig aktiv bleiben. Zwar nimmt der Anteil der älteren Menschen in den Gesellschaften Europas und der USA zu, viele von ihnen sind aber so genannte „junge Alte“, die zahlreichen Freizeitaktivitäten nachgehen. → **Silver Customer**

Active X
Vom Software-Hersteller Microsoft entwickelte Technik, die interaktive Websites wie Online-Banking möglich macht. Ähnlich wie → **Java**; allerdings erlaubt Active X den Zugriff auf das Betriebssystem und kann deswegen leichter für Hacker-Angriffe (→ **Hacker**) genutzt werden.

Ad Click
„Werbeklick“; das Internet macht Werbeeinblendungen klickbar und damit den Erfolg messbar: Bei den Ad Clicks wird gezählt, wie viele Besucher einer Seite ein dort geschaltetes → **Banner** anklicken und sich zu dem dahinter stehenden Angebot weiterleiten lassen. Die „Ad Click Rate“ setzt dies in Relation zu denjenigen Usern, die eine Anzeige nur gesehen haben (→ **Ad Impression**), meist über einen Monat hinweg gemessen. Wenn zwei von 100 Besuchern klicken, also nur 2 Prozent, dann gilt das bereits als eine gute Rate.

Ad Game
Werbespiel im Internet. Die Teilnehmer können meistens etwas gewinnen, müssen sich dafür aber eingehend mit einem Produkt oder einer Marke beschäftigen und oft auch persönliche Daten wie Alter, Geschlecht oder Monatseinkommen angeben.

Ad Impression
Die Ad Impressions geben die Anzahl der Sichtkontakte von Internet-Usern

mit einem Banner wieder. Anders als bei den Messeinheiten Visits und → **Page Impression** erfassen die Ad Impressions auch bei dynamischen, für jeden Nutzer individuell zusammengestellten Angeboten die Zahl der Werbekontakte.

Ad Mail

→ **Spam**

Ad Server

Der Werbeserver ist ein zentraler Computer, der festlegt, welcher Internet-Surfer wann welche Werbung (→ **Banner**) zu sehen bekommt. Dafür benutzt der Ad Server z. B. → **Cookies**, um den Benutzer zu identifizieren und ihm auf seine Person abgestimmte Angebote zu unterbreiten. Außerdem kann der Ad Server den Erfolg der Werbung messen, indem er feststellt, wie oft ein Banner angeklickt wird (→ **Ad Click**).

Added Value

Der so genannte „Zusatzwert" ist eine Art Geschenk an den Kunden. Der eigentliche Zweck dieser Eigenschaft ist es, ein Produkt oder eine Dienstleistung gegenüber den Konkurrenzprodukten hervorzuheben (→ **Unique Selling Proposition**). Der Added Value soll dem Kunden auch einen Gegenwert für seine Kommunikationskosten bieten. Auf einer Website kann man ihn z. B. durch Unterhaltungselemente, Diskussionsforen oder auch durch ein Lexikon mit „New Words" erzeugen.

Add-in

→ **Plug-in**

Add-on

„Zusatz", der die Fähigkeiten eines bestehenden Produkts erweitert. Das kann die Hardware-Erweiterung bei einem Computer sein, eine zusätzliche Software, die in ein Programm integriert wird (→ **Plug-in**), oder ein neues Angebot auf einer Website.

Address Munging

Der Versuch, die Versendung von → **Spam** zu blockieren. Mit Address Munging werden alle Methoden bezeichnet, die bei der Kommunikation die eigene E-Mail-Adresse unbenutzbar machen. So kann man die Adresse z. B. um sinnlose Füllwörter ergänzen, die automatische Scannersysteme nicht erkennen, wohl aber der Kommunikationspartner. → **Data Mining**

Ad-hoc-Mitteilung

Dieser Begriff stammt ausnahmsweise mal nicht aus dem Englischen, sondern ist altes Börsenlatein: „Ad hoc" bedeutet „sofort". Mit einer derartigen Mitteilung müssen börsennotierte Unternehmen umgehend sämtliche Teilnehmer am Börsenhandel unterrichten, wenn in der Firma etwas passiert ist, das sich auf den Kurs der Aktie auswirken kann. Das schreibt das Wertpapierhandelsgesetz vor, um einen Insiderhandel von schneller und besser informierten Personen zu verhindern. Neuerdings nutzen Unternehmen Ad-hoc-

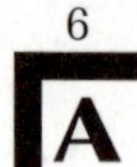

Mitteilungen aber auch, um kostenlos Aufmerksamkeit zu erregen.

Adhocratie

Gegenteil von Bürokratie; ein Unternehmen, in dem mit nur wenigen oder ganz ohne feste Strukturen gearbeitet wird. Viele → **Dotcoms** sind – oder waren zumindest in ihrer Anfangszeit – nach diesem Modell aufgebaut. Stammt von „ad hoc" (lateinisch für „sofort").

Admin- C

→ **Administrativer Kontakt**

Administrativer Kontakt (Admin-C)

Er ist der Ansprechpartner bei allen Problemen mit einer Website und wird bei der Registrierung des Domain-Namens (→ **Domain**) beim → **NIC** eingetragen.

ADSL

→ **Asymmetric Digital Subscriber Line**

Adult Check

System zum Jugendschutz im Internet. Wenn die Betreiber von Websites sich diesem System anschließen, werden ihre Seiten mit einem Passwort geschützt, das nur nach Eingabe der Kreditkartennummer erhältlich ist. Die Anbieter gehen davon aus, dass Minderjährige nicht im Besitz einer Kreditkarte sind bzw. dass es den Eltern auffällt, wenn ein Unbekannter von ihrer Karte einen Betrag abbucht.

Advanced Audio Coding (AAC)

Weiterentwicklung von → **MP3**; mit Advanced Audio Coding kann man Musikdateien genauso „klein kriegen" wie mit dem Kompressionsverfahren → **MP3**, die Tonqualität soll aber deutlich besser sein.

Advanced Encryption Standard (AES)

Neuer mathematischer Algorithmus zur Verschlüsselung von Daten. Er wurde nach einer Ausschreibung des US-amerikanischen National Institute for Standards and Technology entwickelt und gilt als Industriestandard. → **Kryptographie**

Advanced Streaming Format (ASF)

Format für Audio- oder Videodateien (Dateiendung „.asf"), die mit der Multimedia-Software von Microsoft abgespielt werden können. Gedacht ist ASF vor allem für das → **Streaming** von Daten. Es soll die bisherigen Microsoft-Standards wie Wave Audio (→ **WAV**) ersetzen.

Advertising Networks

Die Werbeagenturen des Internets. Sie sammeln Daten, die Online-Käufer hinterlassen – über ihre Person und ihre Gewohnheiten. Dann versuchen sie, den Surfer mit Werbeanzeigen zu ködern, die direkt auf seine Vorlieben zugeschnitten sind. Bekannte Beispiele für Advertising Networks sind „Double Click" und „Engage". → **Consumer Profiling**,

→ **Customizing**, → **Data Mining**, → **Referrers**, → **Targeting**

Adware AES

Software, die ein Benutzer kostenlos erhält, wenn er damit einverstanden ist, dass → **Banner** mit wechselnder Werbung eingeblendet werden.
→ **Advanced Encryption Standard**

AFAICT

(Chat-/E-Mail-Kürzel) „as far as I can tell“ = „soweit ich sagen kann“

AFAIK

(Chat-/E-Mail-Kürzel) „as far as I know“ = „soweit ich weiß“

Affective Computing

Computereingabegeräte, die auf Gefühle und Stimmungen des Users reagieren, indem sie entweder seinen Gesichtsausdruck, seine Muskelanspannung, den elektrischen Widerstand der Haut oder die Stimmlage interpretieren.

Affiliates

Eigentlich ist „affiliates“ das englische Wort für „Filialen“. Im Internet sind damit aber Firmen gemeint, die von ihrer eigenen Website gezielt Kunden auf die Website eines anderen Online-Shops lenken. Sie erhalten dann eine Provision von diesem Shop (in einer Größenordnung von 5 bis 25 Prozent) und können ihren Kunden einen zusätzlichen Service anbieten. Das Zielunternehmen steigert seine Einnahmen. Deswegen spricht man bei einem derartigen „Filialensystem“, das auch als → **Associates Program** oder → **Partnerprogramm** bezeichnet wird, von einer → **Win-win-Situation**.

Affinitätsprogramme

Sie sollen für Kundenbindung sorgen. Es handelt sich um Belohnungssysteme für besonders treue Kunden. Bei jedem Kauf werden Punkte, Meilen oder Einheiten einer ähnlichen „Kunstwährung“ gesammelt, die später gegen ein Produkt eingetauscht werden können.

Affluenza

„Affluence“, der „Überfluss“ an Geld, der sich in der New Economy wie eine Virusgrippe („Influenza“) ausgebreitet hat. Übertragen wird diese „Krankheit“ häufig von → **Venture Capitalists** oder → **Business Angels**.

AFK

(Chat-/E-Mail-Kürzel) „away from keyboard“; heißt, dass der Benutzer zwar weiter eingeloggt ist, vorübergehend aber nicht vor seinem Computer sitzt. → **BAK**

After-Work-Party

Discobesuch, der nach Dienstschluss beginnt. Ein Trend, der Ende der 90er Jahre einsetzte. Die viel beschäftigten Jung-Angestellten müssen seitdem nicht mehr bis spät abends warten, um auszugehen. Sie sind um Mitternacht schon wieder zu Hause vom Club und können sich am nächsten Tag wieder der → **Mausbeutung** unterziehen.

Agency-Problem

Bei einem Agency-Problem handelt das Management einer Aktiengesellschaft nicht im Interesse der Aktionäre. Für die Manager stehen manchmal Fragen der Unternehmenspolitik oder der eigenen Macht im Vordergrund, während die Aktionäre einzig und allein an der Wertsteigerung des eingesetzten Kapitals interessiert sind. → **Shareholder Value**

AIUI

(Chat-/E-Mail-Kürzel) „as I understand it" = „soweit ich das verstehe"

Akamaizing

Der Inhalt einer Website wird beim Akamaizing auf mehreren Servern weltweit abgelegt. Der Benutzer erhält die Daten dann schnellstmöglich von einem nahe gelegenen Server. Der Begriff ist eine Verschmelzung von „amazing" (engl. „erstaunlich") und des Firmennamens „Akamai", ein Unternehmen, das als eines der ersten entsprechende Services angeboten hat.

Akquisition

Die (teilweise) Übernahme einer Firma durch ein anderes Unternehmen. Anders als bei einem → **Merger** geht es dabei nicht um einen gleichberechtigten Zusammenschluss. Wenn das Management des Zielunternehmens mit der Akquisition nicht einverstanden ist, spricht man von einer „feindlichen Übernahme". → **Raider**, → **Target**, → **White Knight**

Alpha Geek

Der Geek ist jemand, der von einer bestimmten Technik oder Software fasziniert ist und sie perfekt beherrscht. Ähnlich wie das Alpha-Tier der Anführer eines Rudels ist, ist der Alpha Geek der Beste unter den Technikinteressierten. → **Nerd**

Always Online/Dynamic ISDN (AO/DI)

Eine von IBM entwickelte Technik, bei der einer der vier ISDN-Kanäle (→ **ISDN**) quasi als Standleitung zum Empfang von E-Mails oder ähnlich kleinen Datenmengen genutzt wird. In Deutschland testete die Telekom das Verfahren, führte es aber nicht flächendeckend ein.

Amazonned

„To be amazonned" heißt, einen wesentlichen Teil seines Geschäfts an eine → **Dotcom** zu verlieren. Der Begriff ist eine Anspielung auf den Marktführer beim Online-Buchhandel (Amazon.com).

Amber Light

Diese „innere Warnleuchte" geht an, wenn ein Käufer Hinweise darauf findet, dass sein Zielobjekt in Schwierigkeiten steckt. Dieses Warnsignal wird auch als Red Flag („rote Fahne") bezeichnet.

American Standard Code for Information Interchange (ASCII)

Code für die Datenübertragung aus der Anfangszeit der Informationstechnik, der aber auch heute noch im Internet benutzt wird.

Analog

Gegenteil von „digital". Zur Informationsübermittlung wird also nicht ein Code aus Nullen und Einsen benutzt, sondern z. B. ab- und zunehmende Stromstärken. Im übertragenen Sinne meint „analog" aber auch alles, was mit der so genannten Old Economy, mit → **Bricks and Mortar** zu tun hat. Nach schlechten Erfahrungen mit dem Internet-Geschäft gehen viele „back to the analog".

Analyst

Fachmann, der Aktiengesellschaften und Aktienmärkte professionell beobachtet und versucht, Kursentwicklungen vorherzusagen. Aufgrund von Unternehmensdaten und des grafischen Verlaufs der Kurse (so genannte „Charts") gibt der Analyst Kauf- oder Verkaufsempfehlungen. Oft lösen erst diese Bewertungen eine Kursveränderung aus.

Animated GIF

Animationstechnik für Grafiken im GIF-Format (→ **GIF**), die auf dem Daumenkinoprinzip beruht. In einer Datei werden mehrere unterschiedliche Bilder gespeichert, die nacheinander angezeigt werden. So entsteht der Eindruck einer fließenden Bewegung.

Anonymisierer

Dieses Verfahren soll dem Internet-Nutzer Anonymität verschaffen und → **Data-Mining** oder → **Consumer Profiling** verhindern. Bevor eine Anfrage an den Server weitergeschickt wird, ersetzt der Anonymisierer wichtige persönliche Daten des Benutzers. Auf dem Rückweg filtert er z. B. → **Cookies** aus dem Datenstrom.

Antirube

Technikbegeisterter User, der als Erster ein neues Computer- oder Elektronikprodukt ausprobiert. Spezialfall des → **Early Adopters**. Der Begriff bedeutet so viel wie „Anti-Trottel". Hintergrund dieser Bezeichnung ist, dass die „normalen" Computerbenutzer, die mit komplizierter Technik nicht zurecht kommen, auch als „rube" beschimpft werden.

Anycast

Form der Datenübertragung im Internet mit nur einem Sender und mehreren Empfängern. Anders als beim → **Multicast-Verfahren** erhalten nicht alle Empfänger gleichzeitig die Daten, sondern zuerst der dem Server am nächsten liegende. Von dort aus werden die Informationen wie in einer Kette weitergeschickt. → **Unicast**

AO/DI

→ **Always Online/Dynamic ISDN**

Apache

Name der weltweit am häufigsten verwendeten Software für Server. Sie ist als → **Freeware** zu beziehen. Der

Begriff geht nicht nur auf den Indianerstamm der Apachen zurück, sondern ist auch die Abkürzung für „a patchy server" = „ein zusammengeflickter Server". Gemeint ist der Rechner der Universität von Illinois, einer der ersten Server des Internets.

Applet

Kleines Software-Programm, das innerhalb eines anderen Programms eine spezielle Aufgabe erfüllt. Applets können nicht vom Betriebssystem des Rechners aus benutzt werden, sondern arbeiten nur mit anderer Software zusammen, wie z. B. Java-Applets (→ **Java**), die in einem Webbrowser (→ **Browser**) durchlaufende Schriftbänder oder Chat-Fenster (→ **Chat**) erzeugen.

Application Service Provider (ASP)

Anbieter von Applikationen (Anwendungen). Dahinter steckt der Gedanke, dass für bestimmte Aufgaben nicht immer ein dickes Software-Paket gebraucht wird, sondern nur spezielle Teile eines Programms. Diese schlanken Software-Pakete kann man bei einem ASP kaufen oder mieten und bekommt sie über das Internet zur Verfügung gestellt.

Apps-on-tap

Softwareanwendungen („applications"), die bei Bedarf aus dem Internet geladen werden können – wie Wasser aus einem Wasserhahn („tap"). Die Programme werden von einem → **Application Service Provider** zur Verfügung gestellt.

AR

→ **Augmented Reality**

ARE

(Chat-/E-Mail-Kürzel) „Acronym-rich environment" = „abkürzungsreiche Umgebung"; bezeichnet einen → **Chat**, in dem viele Chat-Kürzel verwendet werden.

ARPANET

(auch: ARPANet) Computernetz, das als Ursprung des Internets gilt. Gegründet wurde es 1969 von der „Advanced Research Project Agency", ARPA, einer Behörde des US-Verteidigungsministeriums zur Abwendung der nuklearen Bedrohung durch den Ostblock. Das ARPANET verband Rechenzentren von Militär und Wissenschaft. Ein Prinzip, das bis heute gleich geblieben ist, ist die dezentrale Struktur des Netzes. Selbst wenn ein Rechner ausfällt, können die Daten weiter transportiert werden.

Arrow Shooters

„Bogenschützen" nennt man die Mitglieder eines Teams, die für die Visionen eines Unternehmens zuständig sind. Sie entwickeln eine langfristige Zielvorstellung und nehmen sie wie ein Schütze ins Visier.

Artificial Intelligence Artilect

Verschmelzung von „artificial" und „intellect"; gemeint ist ein Computergehirn, dessen Fähigkeiten in Teilbereichen dem menschlichen gleichkommen oder sogar überlegen sind. Er könnte jedoch auch Entscheidungen treffen, die den vitalen Interessen seiner Schöpfer widersprechen. → **Künstliche Intelligenz**

ASCII

→ **American Standard Code for Information Interchange**

ASF

→ **Advanced Streaming Format**

ASP

→ **Application Service Provider**

Assistent

→ **Wizzard**

Associates Program

→ **Affiliates**

Asymmetric Digital Subscriber Line (ADSL)

Neue Technik zur Datenübertragung, die die herkömmliche Telefonleitung besser ausnutzen soll. Im Gegensatz zum normalen Internetanschluss verläuft der Datenstrom asymmetrisch: mit einer hohen Übertragungsrate vom Internet zum Benutzer und mit einer niedrigen vom Benutzer zum Internet. Datenpakete lassen sich so mit der zehnfachen ISDN-Geschwindigkeit (→ **ISDN**) herunterladen.

ATM

(Chat-/E-Mail-Kürzel) „at the moment" = „zurzeit, im Moment"

Attachment

Anhang an eine E-Mail, z. B. eine Bilddatei oder ein Programm. Bei E-Mails von unbekannten Absendern sollte man nie das Attachment öffnen, da die Gefahr droht, sich einen → **Computervirus** einzufangen.

Audio Indexing

→ **Audio Mining**

Audio Mining

Methode, mit der man einen gesprochenen Text nach Schlüsselwörtern durchsucht. Diese Wörter werden in einem Index aufgenommen und ermöglichen so die Suche in einer Audio-Datei. Auch „audio indexing" genannt.

Audio Video Interleave (AVI)

Dateiformat für Microsofts „Video für Windows". Die entsprechenden Filme sind an der Endung „.avi" zu erkennen.

aufwärtskompatibel

Software, die auch die Daten ihrer Nachfolge-Versionen verarbeitet.

Augmented Reality (AR)

„Erweiterte Realität"; anders als bei der → **Virtual Reality** wird hierbei keine komplett künstliche Welt geschaffen, in die ein Benutzer eintauchen soll. Die AR versucht, die Wirklichkeit mit Informationen aus dem Computer zu ergänzen. Dazu werden dem User z. B. visuelle Anleitungen in eine Datenbrille eingespiegelt, wie er bei einer Aktion welche Handgriffe ausführen muss.

Denkbare Einsatzgebiete sind z. B. Medizin oder Tourismus.

Auktion

Ein uraltes Geschäftsmodell, bei dem durch Gebote der bestmögliche Preis erzielt werden soll. Durch das Internet haben Auktionen einen enormen Aufschwung erlebt, weil die räumliche Beschränkung wegfällt: Die Auktionsteilnehmer müssen nicht an einem Ort versammelt werden, sondern können von überall mitbieten. Es haben sich verschiedene Formen von Auktionen herausgebildet: → **B2B**, → **B2C** oder auch → **C2C**.

auscashen

Populäre Bezeichnung für den → **Exit** eines Investors oder Gründers.

automagically

„Automagisch" ist ein Wortspiel mit „automatisch". Es wird dann benutzt, wenn man nicht näher auf technische Details eingehen will oder kann, vor allem bei Produktpräsentationen.

Automatisches Einkaufssystem

Ein Software-Programm, das (große) Firmen mit ausgewählten Händlern verbindet. Die Angestellten können damit z. B. Büromaterial kaufen, Dienstreisen organisieren oder andere häufiger anfallende Bestellungen erledigen. Für den Einkäufer hat das zwei Vorteile: Durch die Bündelung der Einkaufsmacht kann er oft günstigere Preise aushandeln. Außerdem wird die Abwicklung der Bestellungen im Haus weniger personalaufwändig und damit billiger. → **Silent Commerce**

Autoresponder

Ein Programm, das automatisch einen vorgefertigten Text an alle zurückschickt, die eine E-Mail an eine bestimmte Adresse gesendet haben.

Avatar

Mit „avatara" wird im Hinduismus die Inkarnation eines Gottes auf Erden bezeichnet. Im Internet ist die Bedeutung etwas weltlicher: Avatare sind künstliche, grafisch dargestellte Geschöpfe in → **Chats** oder Spielen. Oft kann ein Spieler seinen Avatar mit bestimmten Persönlichkeitsmerkmalen ausstatten. Auch Online-Shops benutzen manchmal Avatare als künstliche Verkäufer.

Averaging

Englisch für „den Durchschnitt bildend". Die Optimierung des durchschnittlichen Einstandspreises von Wertpapieren oder Investmentzertifikaten durch regelmäßigen gleich bleibenden Zukauf.

AVI

→ **Audio Video Interleave**

Awareness

Bekanntheitsgrad einer Marke. Viele → **Start-ups** richten ihr Marketing anfangs darauf aus, die Awareness zu steigern. Die teuren Werbekampagnen sorgen allerdings für eine hohe → **Burn Rate**.

Back End

Bezeichnet alles, was im Back-Office-Bereich passiert, also die Abwicklung von Bestellungen, Logistik, Lieferkontakte, Beschaffung usw. „Front End" heißen dagegen Aktivitäten, die auf Kundenkontakt ausgerichtet sind, also die Neukundengewinnung oder das Erschließen neuer Märkte. Bei Software bezeichnet man mit Back End Programme, zu denen der Benutzer keinen direkten Kontakt hat. Sie arbeiten meist im Hintergrund und stellen anderen Programmen Daten zur Verfügung – z. B. „Front End"-Programmen, mit denen der Benutzer in Interaktion tritt.

Back Hacking

Versuch, einen → **Hacker** aufzuspüren, indem man seinen Weg durch das Computernetz zurückverfolgt. Allerdings versuchen Hacker genau diese Spuren zu verwischen.

Backbone

„Rückgrat" eines Datennetzes, z. B. des Internets. Es besteht aus Datenleitungen mit hoher → **Bandbreite**. Ein → **Internet Service Provider** verbindet seine Kunden mit dem nächstgelegenen Backbone.

BAK

(Chat-/E-Mail-Kürzel) „back at keyboard"; Benutzer meldet sich nach einer Pause zurück. → **AFK**

Bananensoftware

Programme, die wie die gleichnamige Frucht unreif an den Kunden verkauft werden und erst allmählich ausreifen. Wer das Pech hat, Bananensoftware gekauft zu haben, wird sich über viele → **Bugs** ärgern, die er erst aufwändig mit nachgelieferten → **Patches** reparieren muss.

Bandbreite

Ein Zauberwort für die Internet-Zukunft: Es bezeichnet die Kapazität einer Datenübertragungstechnik. Durch breitbandige Anschlüsse wie z. B. das Fernsehkabel sollen eines Tages immer umfangreichere Datenübertragungen möglich werden. → **ADSL**, → **Video on demand**

Banner

Werbeflächen auf Internetseiten, die von einem → **Ad Server** möglichst zielgruppengerecht eingespielt werden und meist interaktiv sind. Viele Banner enthalten auch animierte Grafiken, um mehr Aufmerksamkeit auf sich zu lenken.

Banner-Rotation

Wechsel von → **Bannern** in regelmäßigen Abständen. Dadurch soll die Aufmerksamkeit für die Werbeeinblendungen erhöht werden. → **Ad Server**

Banner-Tauschring

Werbeaktion für eine Website. Dabei räumt man anderen Anbietern Platz auf den eigenen Seiten ein und darf dafür das eigene → **Banner** bei den übrigen Mitgliedern des Rings unterbringen. Häufige Form eines → **Barters**.

Barfmail
E-Mail-Nachricht, die ungezielt an möglichst viele User verschickt wird. Oberbegriff für → **Spam**, → **Hoax** und E-Mail-Kettenbriefe. Meistens handelt es sich um Werbung.

Barter
Englisch für „Kompensationsgeschäft“. Das Internet lässt den Tauschhandel wieder aufleben. Das Prinzip: Ein Anbieter verkauft seine Waren oder Dienstleistungen nicht gegen Geld, sondern tauscht sie gegen andere Waren oder Dienstleistungen, die er braucht. Eine einfache Form des Barters ist der „Bannerbarter“: Internetfirmen tauschen Werbebanner aus und weisen auf ihrer Website gegenseitig auf ihre Angebote hin.

Baud
Maßeinheit für die Datenübertragungskapazität, die nach dem französischen Ingenieur Jean Baudot (1845–1903) benannt wurde. Dabei werden die Signale gezählt, die pro Sekunde durch einen Kanal fließen. Ein Signal pro Sekunde entspricht einem Baud. Nicht zu verwechseln mit den → **Bits per second**, denn die heutige Technik überträgt gleich mehrere Bits in einer Sekunde.

BBL
(Chat-/E-Mail-Kürzel) „be back later“ = „ich komme später wieder“

BCC
→ **Blind Carbon Copy**

BCNU
(Chat-/E-Mail-Kürzel) „be seeing you“ = „man sieht sich, bis bald“

Beauty Contest
„Schönheitswettbewerb“, bei dem es allerdings weniger um Schönheit als um Geld geht. Genauer gesagt, um das Geld der Banken, die ein Unternehmen bei einem Börsengang als Begleiter gewinnen will.

BEG
(Chat-/E-Mail-Kürzel) „big evil grin“ = „großes, böses Grinsen“

below the line
Marketingmaßnahme, die nicht auf die breite Öffentlichkeit zielt, sondern auf eng umrissene Kundengruppen. Diese versucht man direkt und ohne Streuverluste zu erreichen – z. B. mit „Direct Mail“. Wenn es gelingt, die Zielgruppe genau einzugrenzen (durch Techniken wie → **Data Mining**), kann diese Marketingform deutlich wirksamer sein als herkömmliche Methoden „above the line“. Nicht zu verwechseln mit „unterschwelliger Werbung“, mit der in den 60er Jahren erfolglos experimentiert wurde. Dabei versuchte man, suggestive Einzelbilder unterhalb der Wahrnehmungsschwelle in Filmbotschaften einzuschleusen, die direkt auf das Unterbewusstsein wirken sollten.

Benchmarking
Vom Englischen „benchmark“ = „Maßstab“; Methode zur Wettbe-

werbsanalyse und Verbesserung des eigenen Unternehmens. Beim Benchmarking werden bestimmte Größen wie Produktionskosten, aber auch das Produkt selbst ständig mit dem besten (Konkurrenz-)Unternehmen (Best Practice) verglichen. Anschließend wird daran gearbeitet, den Abstand zu verringern.

BER

→ **Bit Error Rate**

Best Boy

→ **Corporate Concierge**

Best Practice

→ **Benchmarking**

betamaxen

Ende der 70er Jahre brachte eine japanische Firma ein Videosystem namens „Betamax" auf den Markt. Es wurde zwar von Technikern als überlegen angesehen, aber leider nicht so gut vermarktet wie das VHS-System, das heute in jedem Wohnzimmer zu finden ist. Und genau diese Situation bezeichnet der Begriff: Eine unterlegene Technologie setzt sich aufgrund besserer Vermarktung gegen ein überlegenes Konkurrenzprodukt durch.

Betaversion

Bei einer Betaversion handelt es sich um eine neue Software, die erstmals an Konsumenten geliefert wird, obwohl sie noch unausgereift ist. Die Benutzer erhalten die Betaversion meist kostenlos und testen im Gegenzug das Produkt unter Praxisbedingungen. Mithilfe des Feedbacks wird dann ein „Release Candidate" und schließlich die „Final Version" entwickelt. Natürlich gibt es auch eine Alphaversion, den noch stark fehlerbehafteten Vorgänger der Betaversion. → **Vaporware**

beyond the banner

„Jenseits des Banners"; bezeichnet die Feststellung, dass es außer Werbung mit ′ Bannern noch andere Marketingformen im Internet gibt, die eine Firma nutzen kann, z. B. → **Online Newsletter**, → **Co-Branding**, → **Affiliates**, → **Intersticials**.

Bid Shielding

Betrügerisches Vorgehen bei einer → **Auktion**. Ein Bieter platziert ein niedriges Gebot, ein zweiter steigt so hoch ein, dass andere Mitbieter abgeschreckt werden. Kurz vor Schluss wird das hohe Gebot zurückgezogen, der Zuschlag geht zu einem niedrigen Preis an den ersten Bieter.

Bill-Gates-Steuer

Scherzhafte Bezeichnung für die Kosten beim Kauf eines Computers, die als Lizenzgebühr für das Betriebssystem Windows direkt an Bill Gates' Software-Unternehmen Microsoft fließen.

BIND

Einer der wichtigsten → **Domain Name Server**. Die Abkürzung steht für „Berkeley Internet Name Domain" und verweist darauf, dass BIND an der University of California in Berkeley entwickelt wurde. → **IP-Adresse**

Biometrie

Alle Verfahren, die natürliche Körpermerkmale wie Fingerabdrücke oder die Augeniris zur Identifikation eines Benutzers heranziehen. Durch biometrische Verfahren soll in Zukunft der „Passwort- und PIN-Wildwuchs" eingedämmt werden, denn der Fingerabdruck ist im Gegensatz zu Passwörtern und Geheimzahlen fälschungssicher.

BION

(Chat-/E-Mail-Kürzel) „believe it or not" = „ob du es glaubst oder nicht"

Bit

Binary Digit; als „binäre Ziffer" wird die kleinstmögliche Speichereinheit in der Datenverarbeitungstechnik bezeichnet. Weitere EDV-Maßeinheiten sind → **Byte**, → **Gigabyte**.

Bit Error Rate (BER)

Prozentsatz der fehlerhaften → **Bits** bei einer Datenübertragung. Bei einer BER von 10–6 kommt eines von einer Million Bits fehlerhaft an.

BITKOM

→ **Bundesverband Informationswirtschaft, Telekommunikation und neue Medien**

Bitlegging

Verschmelzung von→ Bit und „bootlegging" (eine Raubkopie machen, etwas illegal herstellen). Der Begriff bezeichnet das illegale Kopieren von digitalen Daten.

Bitniks

Bezeichnung für die Stammgäste von Internet-Cafés, die stundenlang vor den Monitoren sitzen und im Netz surfen. Der Begriff entstand in den USA in Anlehnung an die Beatniks, eine literarische Protestbewegung, die Ende der 50er Jahre entstand.

Bits per second (bps)

„Bits pro Sekunde" sind eine Maßeinheit für die Übertragungsrate einer Datenleitung. Eine weitere Einheit ist das → **Baud**. Wenn die Signale nicht weiter komprimiert werden, ist ein bps gleich ein Baud.

Bixie

Bixies sind simple Bilder, die sich, ähnlich wie → **Emoticons**, aus Satzzeichen zusammensetzen und häufig in E-Mails oder im → **Chat** benutzt werden, um Freude, Bedauern, Ärger etc. auszudrücken, z. B. [@_@] für „lächeln". Im Gegensatz zu den Emoticons kann man sie bei „normaler" Kopfhaltung erkennen.

Biz Talk

Industrie-Initiative, die die Verbreitung von → **XML** fördert. Angeregt wurde die Gruppe vom Software-Hersteller Microsoft.

Blamestorming

Vom Englischen „to blame" = „beschuldigen"; die Technik kennt man vom „Brainstorming“: Eine Gruppe lässt den Gedanken freien Lauf, um auf neue, kreative Ideen zu kommen. Beim Blamestorming ist das Ziel ein anderes: den Schuldigen für das Scheitern eines Projektes zu benennen. Es ist also eine Art kollektiver Pranger, der aber reinigende Wirkung auf das Team haben soll.

blauer Laser

Laserstrahl mit einer kürzeren Wellenlänge als der rote Laser, der heutzutage in Laserdruckern und CD-ROM-Laufwerken eingesetzt wird. Druckqualität bzw. Speicherdichte wären mit dem blauen Laser wesentlich höher, doch zurzeit ist diese Technik noch nicht reif für den Massenmarkt.

Blind Carbon Copy (BCC)

Kopie einer E-Mail, bei der der Empfänger nicht sehen kann, an wen sie noch verschickt wurde. → **CC**

Bloatware

Aufgeblähte Software, die sich auf dem Computer breit macht, wertvollen Speicherplatz belegt – und häufig nicht einmal besonders nützlich ist.

Blog

Kurzform von „Web log“; persönliches Logbuch auf einer Website, das an die Öffentlichkeit gerichtet ist und häufig aktualisiert wird. In einem Blog sind meist Informationen zu den persönlichen Interessen eines Website-Betreibers, seine Kommentare zum Internet und die von ihm empfohlenen Links zu finden.

Blue Chips

Aktien von erstklassigen, besonders bekannten und großen Unternehmen, auch „Standardwerte“ genannt. Der Ausdruck kommt aus den US-Spielcasinos: Dort haben die blauen Spieljetons den höchsten Wert.

Blue Ribbon

„Blaue Schleife“; die Blue Ribbon-Bewegung setzt sich für ein Internet ohne Zensur und Kontrolle ein.

Blue Screen of Death (BSOD)

Der „blaue Bildschirm des Todes“; damit ist der blaue Bildschirmhintergrund mit weißer Schrift gemeint, der einen Absturz des Betriebssystems Windows anzeigt.

Bluetooth

„Blauzahn“ war der Spitzname eines alten Norweger-Königs. Ein Zusammenschluss der weltweit wichtigsten Elektronikkonzerne hat diesen Namen für einen neuen Funkstandard gewählt, der die drahtlose Kommunikation zwischen allen technischen Geräten gewährleisten soll. So können z. B. Fotos aus der Digitalkamera an den Drucker übertragen werden, ohne die beiden Geräte miteinander zu verkabeln. Der Datenfunk soll bis auf eine Entfernung von 10 Metern funktionieren. Erste Geräte sind Anfang 2001 in den Handel gekommen.

Body

Der „Körper“ ist der Bestandteil einer E-Mail oder eines Postings, der die für den Empfänger wichtige Information enthält. Technische Anweisungen, die den Versand der Mail betreffen, stehen im → **Header**.

Bolt-on

Beschreibt Produkte und Systeme, die sich nachträglich in eine bestehende Website integrieren lassen, z. B. eine E-Commerce-Lösung (→ **E-Commerce**). Anbieter von Bolt-on-Lösungen stellen einfache Software zur Verfügung, die den jeweiligen Bedürfnissen leicht angepasst werden kann. → **Add-on**

Bookmark

„Lesezeichen"; → **Hotlist**

Books on demand

„Bücher auf Nachfrage"; Bücher, die erst auf Bestellung produziert werden. Dadurch entfallen Massenproduktions- und Lagerkosten, weil keine Bücher mehr auf Vorrat hergestellt werden müssen. Die nötige Technik liefert das Internet: Autoren hinterlegen dort ihre Druckvorlagen, auf Bestellung wandern die Daten in die Druckerei, das fertige Buch wird an den Kunden geschickt. So werden auch Kleinstauflagen von Büchern wirtschaftlich, die sonst nie gedruckt worden wären.

Boomernomics

Investmentstrategie, die auf den so genannten „Baby-Boomer" setzt. Die Theorie dahinter: da die um 1950 Geborenen ein geburtenstarker Jahrgang waren, wird alles, was ihre Altersgruppe braucht, in großen Mengen benötigt. Demnach lassen die Baby-Boomer das Gesundheitswesen florieren, brauchen Lifestyle-Medikamente, um sich jünger zu fühlen und Luxusartikel, um cool auszusehen.

booten

Der Ausdruck bedeutet „den Computer hochfahren". Das Wort kommt von dem englischen Sprichwort „pulling oneself up by one's own bootstraps" („sich an den eigenen Schnürsenkeln hochziehen") und spielt auf die Tatsache an, dass ein Computerbetriebssystem seine eigene Startsequenz startet.

Bot

Kurzform von „robot", entspricht dem → **Intelligent Agent**.

Bottom Fisher

Ein „Grundfischer" ist ein Investor, der sich nach Aktien umsieht, deren Kurse in letzter Zeit stark gefallen sind. Natürlich hofft er auf einen Wiederanstieg.

Bouncing

Eine E-Mail, die wegen eines Fehlers in der Adresse an den Absender zurückgeschickt wird.

Bozon

Scherzhaft erfundene Maßeinheit für Dummheit und Ahnungslosigkeit. Kann etwa folgendermaßen eingesetzt werden: „Ich lese keine Newsgroup-Einträge (→ **Newsgroup**) mehr, wegen der hohen Bozon-Zahl."

Brain Drain

Beschreibt den Verlust an klugen Köpfen, die Abwanderung von Wissenskapital. Nicht nur aus Unternehmen werden hochqualifizierte Mitarbeiter von Headhuntern immer wieder abgeworben. Auch ganze Staaten leiden unter dem Brain Drain: Ihre jungen Experten verlassen wegen besserer Verdienstmöglichkeiten das Land und gehen in die wirtschaftlich starken Regionen. Diese verzeichnen dann einen „Brain Gain", einen Zuwachs an Wissen.

Brand Extension

Ausweiten einer Marke. Für ein neues Produkt werden dann Name, Logo oder Verpackungsdesign einer eingeführten Marke benutzt und nur leicht abgeändert. Dadurch soll sich das gute Image auch auf das neue Produkt übertragen und die Kosten für das → **Branding** geringer gehalten werden. → **Sub-Brand**

Brand Reputation Management

Weil Marken so wertvoll sind (→ **Branding**), müssen sie gepflegt und weiterentwickelt werden. Beim Brand Reputation Management wird versucht, das ganze Unternehmen auf die Verbesserung des Markenimages auszurichten. Das schließt z. B. Auftritte des Vorstands oder den Kundenkontakt mit ein. Wenn die Marke sich als besonders dynamisch und modern darstellt, muss sie das auch durch ihre Mitarbeiter nach außen vertreten. Natürlich gehören dazu auch klassische Werbemaßnahmen, die allerdings nicht nur auf die kurzfristige Aufmerksamkeit zielen, sondern genauso die langfristige Bedeutung für den Ruf eines Unternehmens beachten.

Branding

Vom Englischen „brand" = „Marke"; lässt sich am besten mit „Markenplatzierung/Markenführung" übersetzen. Dahinter steckt die Erkenntnis, dass der Markenname, sein Image und sein Bekanntheitsgrad häufig fast die Hälfte des Produktwertes ausmachen (→ **Goodwill**), weil Kunden die Produkte oft nur noch durch die Marke unterscheiden können. Bei einigen weltbekannten Firmen ist der Wert der Marke oft sogar noch deutlich höher. Firmen versuchen deshalb, z. B. durch Namensgebung und Logo, ein neues Produkt zu einer Marke aufzubauen. → **Brand-Extension**, → **Sub-Brand**

BRB

(Chat-/E-Mail-Kürzel) „be right back" = „komme gleich zurück"

Break-Even-Point

„Rentabilitätsgrenze"; der Punkt, an dem der Kaufmann sich zu freuen beginnt: Erstmals sind Kosten und Gewinne eines Unternehmens gleich groß. Wenn der Break-Even-Point erreicht ist, kommt also langsam Geld in die Kasse, das Geschäft beginnt sich zu rentieren.

Bricks and Clicks

→ **Clicks and Mortar**

Bricks and Mortar

„Ziegel und Mörtel"; gemeint ist damit allerdings kein Maurerbetrieb, sondern schlichtweg all die handfesten Firmen der so genannten „Old Economy", die in der realen Welt durch Fabrikgebäude, Lagerhallen und sichtbare Produkte präsent sind. Daneben existieren die jüngeren „New Economy"-Unternehmen, die im Internet häufig mit unsichtbaren Datenströmen handeln.

Bridge Financing

„Überbrückungsfinanzierung"; mit diesem Geld bereitet ein Unternehmen den Börsengang vor. Meist ist es kein Überbrückungskredit, die Geldgeber wollen stattdessen viel lieber am Unternehmen beteiligt werden.

Brochureware

Als „Broschürenware" bezeichnet man eine Website, bei der einfach der Inhalt eines gedruckten Prospekts einer Firma in das Internet gestellt wurde, ohne dabei die Möglichkeiten des neuen Mediums wie Interaktion oder → **Links** zu nutzen.

brown

Adjektiv für eine Website, die nicht regelmäßig aktualisiert wird. Für Werbetreibende im Internet eher abschreckend. → **evergreen**

Brownout

Der Begriff bezeichnet in Stromnetzen einen Spannungsabfall. Im Internet bedeutet dies einen Zusammenbruch mehrerer Server, die versuchen, den Datenverkehr aufrecht zu erhalten, nachdem ein anderer Server ausgefallen ist.

Browser

Software, die es ermöglicht, die Inhalte des → **World Wide Web** zu betrachten. Zu den bekanntesten Web-Browsern zählen der Netscape Navigator und der Internet Explorer.

Brute Force Attack

Begriff aus der Hackersprache. Ein „Angriff mit roher Gewalt" ist der Versuch, mit Hilfe von Wortlisten oder durch das Ausprobieren von Zeichenfolgen das Passwort für eine geschützte Information herauszufinden.

BSOD

→ **Blue Screen of Death**

Bug

Das englische Wort für „Insekt"; kann manchmal genauso lästig sein wie eine Mücke im Schlafzimmer: Bugs sind Fehler im Programmcode einer Software. Vor allem → **Betaversionen** enthalten noch viele dieser Fehler. → **Patch**, → **Bananensoftware**

Bug Fix

→ **Patch**

Bulk Mail

Serienweise verschickte, unangeforderte Werbe-E-Mails; → **Spam**, → **UBM**, → **UCE**

Bundesverband Informationswirtschaft, Telekommunikation und neue Medien (BITKOM)

Es handelt sich um einen Zusammenschluss von führenden IT-Unternehmen in Deutschland, der 1999 gegründet wurde. Eine seiner Hauptaufgaben war bisher die Bekämpfung des Fachkräftemangels in der Computerbranche.

Burble

Ähnlich wie ein → **Flame**, nur dass der Burbler keine Ahnung von dem Thema hat, über das er schreibt, und seine Mail keine Wirkung hinterlässt. Der Begriff stammt aus dem Nonsens-Gedicht „Jabberwocky" von Lewis Carroll.

Burn Rate

„Brennrate"; was hier „verbrennt", ist Geld: Die Burn Rate zeigt, wie viel Verlust ein Unternehmen – meist pro Monat – macht. Gerade bei Internet-Start-ups (→ **Start-up**) haben die Investoren am Anfang eine hohe Burn Rate hingenommen, ja sogar positiv bewertet: Sie galt als Zeichen dafür, dass die Firma in schnelles Wachstum investiert und, z. B. durch teure Marketingkampagnen, ihren Bekanntheitsgrad steigert. Wer aber nur Geld verbrennt, hat am Ende natürlich überhaupt keines mehr. Dann spricht man vom „Fume Day", dem Tag, an dem sich das Kapital in Rauch aufgelöst hat. Das eigentliche Ziel ist aber, irgendwann mehr einzunehmen als auszugeben und dadurch den → **Break-Even-Point** zu erreichen.

Burnout

Wörtlich: „Ausbrennen"; Folge von zu viel Stress durch Arbeit und Informationsflut. Burnout wird nicht nur durch Überarbeitung ausgelöst, sondern auch durch ein zu einseitiges Leben, das nur auf Arbeit ausgerichtet ist. Der Begriff beschreibt ein Gefühl der Leere und einen Zustand des Innerlich-„ausgebrannt"-Seins. Die Symptome sind ähnlich wie bei einer Depression: Antriebsschwäche, Schlafstörungen, Angstzustände. Nur wer dem rechtzeitig entgegenwirkt und für geistigen und körperlichen Ausgleich sorgt, kann Kraft für neue Aktivitäten schöpfen und ein gesundes, kreativitätförderndes Arbeitsklima schaffen.

Burnout Turnaround

Drastische Umgestaltung eines in die Krise geratenen Unternehmens. Durch die Restrukturierung soll ein Neuanfang geschafft werden. Meistens fließt dem Unternehmen zu diesem Zeitpunkt auch Geld eines neuen Investors zu. Hierdurch halten die Alteigentürmer dann einen geringeren Anteil an ihrer Firma.

Business Angel

Kein völlig uneigennütziger Engel, sondern letztlich ein Geschäftsmann, der auch am Gewinn interessiert ist: Mit „Business Angel" bezeichnet man private Investoren eines → **Start-ups**. Sie bringen meist Beträge bis zu einer halben Million Mark mit, aber zusätzlich noch Management-Erfahrung und Beratung (→ **Smart Money**).

Im Gegenzug werden sie an der Firma beteiligt. Meistens ist ein Business Angel seinem Unternehmen stärker verbunden als die Investoren von → **Venture Capital**. Er sucht deshalb nur selten nach der schnellen Mark, sondern denkt etwas langfristiger.

Business Intelligence

Oberbegriff für Software, die in einem Unternehmen eingesetzt wird, um Daten zu sammeln, zu speichern und zu verarbeiten – und hierdurch unternehmensorientierter sowie besser entscheiden zu können.

Business Plan

In einem Business Plan sind auf wenigen, manchmal aber auch (zu) vielen Seiten Geschäftsidee, Konzept und Ziele eines → **Start-ups** zusammengefasst. Er dient dazu, Investoren von einem Unternehmen zu überzeugen und sie zur Zahlung von Risiko-Kapital (→ **Venture Capital**) zu bewegen.

Business-to-Business (B2B)

Geschäftsbeziehung und Handel zwischen zwei Firmen, meist über das Internet. Anders als bei den häufig mit viel Werbeaufwand lancierten B2C-Marktplätzen (→ **B2C**), findet das B2B-Geschäft fast im Verborgenen statt. Das sollte aber nicht darüber hinweg täuschen, dass manche Experten ihm wesentlich mehr Gewinn zutrauen als z. B. den → **E-Tailern**, die sich an Privatkonsumenten wenden. B2B-Marktplätze gibt es in unterschiedlichen Ausprägungen, so z. B. zwischen einem Hersteller und seinen Lieferanten, als → **Portal** einer bestimmten Branche oder als Barter-Plattform (→ **Barter**).

Business-to-Business-to-Consumer (B2B2C)

Geschäft zwischen einem Anbieter und einem Kunden über einen Zwischenhändler (Intermediär).
→ **Disintermediation**

Business-to-Consumer (B2C)

Hier handeln Firmen direkt mit dem Kunden und versteigern z. B. im Internet Flugtickets, Stereoanlagen etc., oft aus Restbeständen oder mit kleinen Fehlern.

Business-to-Distributor (B2D)

Geschäft zwischen dem Hersteller und einem Zwischenhändler, der ein Produkt an den Endkunden weiterverkauft.

Business-to-Carbage

Ironische Betrachtung der Tatsache, dass das Geschäftsmodell eines → **Start-ups** nicht funktioniert und die junge Firma wohl bald „reif für den Müll" („garbage") ist.

Business-to-Government (B2G)

Privatfirmen vermitteln über das Internet Dienstleistungen oder Waren an die öffentliche Hand; ein noch kaum erschlossenes Geschäfts-feld im → **E-Commerce**, von dem sich Experten aber viel versprechen: Das Bundeswirtschaftsministerium schätzt den bundesweiten Bedarf allein im Beschaffungswesen auf rund 400 Milliarden DM im Jahr.

Business-to-Nobody (B2N)

„Geschäft mit Niemandem“; ironische Bezeichnung für ein nicht funktionierendes Geschäftsmodell.

Business- WG

Bürogemeinschaft von Start-up-Unternehmen (→ **Start-up**). Im Gegensatz zu staatlichen Gründerzentren wird sie privat betrieben.

Buy Back

Bei einem Buy Back kauft eine Aktiengesellschaft bzw. die Altgesellschafter ihre eigenen Aktien zurück. Die Börsen werten dies häufig als Signal für einen steigenden Kurs, weil das Unternehmen offensichtlich an seine Aktien glaubt. Tatsächlich steigt oft durch den Kauf selbst der Kurs deutlich an. Vorsicht ist allerdings geboten, wenn das Unternehmen dabei seine Investitionen vernachlässigt. Dann handelt es sich wahrscheinlich um den Versuch, den eigenen Aktienkurs zu stützen, eine langfristige positive Entwicklung bleibt aber meistens aus. → **Exit**

BWQ

Buzz-Word-Quotient; ironischer Seitenhieb auf den hohen Anteil an Modewörtern in einem Text oder in einer Rede.

Byte

Maßeinheit für eine Datenmenge. Ein Byte besteht aus acht → **Bits**.

Cache

Der auch „Cache Memory“ genannte „Pufferspeicher“ ist ein temporärer Zwischenspeicher. In ihm werden zur Arbeitserleichterung Daten und Befehle zweier miteinander kommunizierender Funktionseinheiten zeitweise hinterlegt. Wenn sie vom Befehlsprozessor erneut benötigt werden, können sie problemlos und schnell abgerufen werden.

CAD

→ **Computer Aided Design**

CAE

→ **Computer Aided Engineering**

Cafeteria-Modell

Modell zur Mitarbeiterbeteiligung und -motivation, das weit über → **Stock Options** hinausgeht. Der Gedanke ist, dass der Mitarbeiter aus verschiedenen Angeboten auswählen darf: Entweder mehr Geld oder mehr Aktien, mehr Urlaubstage oder eine Krankenversicherung. Da sich die Bedürfnisse der Mitarbeiter mit der Zeit verändern, wird über die zusätzlichen Leistungen immer wieder neu verhandelt.

CAGR

→ **Compound Annual Growth Rate**

CAL

→ **Computer Aided Learning**

Calendar Server

„Kalender-Server“; mit diesem Programm kann über das Internet die

Terminverwaltung geregelt und koordiniert werden. Da das Programm den jeweiligen Bedürfnissen der Nutzer individuell angepasst werden kann, ist es nicht nur für kleine Firmen, sondern auch für international agierende Konzerne interessant.

Call

Optionsgeschäft an der Börse. Gibt dem Anleger das Recht, eine bestimmte Aktie zu einem vorher festgelegten Zeitpunkt und zu einem fest vereinbarten Preis zu kaufen (im Gegensatz zum → **Put**, der dem Anleger ein Verkaufsrecht einräumt). Wenn der Kurs über diese Preisschwelle steigt, vervielfältigt sich der Wert des Calls. Es handelt sich aber wegen des Zeitlimits um ein hochriskantes Spekulationsgeschäft, denn wenn der tatsächliche Aktienkurs bei Ablauf des Calls unter dem vereinbarten Preis liegt, ist die Option völlig wertlos.

Call back

„Rückruf"; Verfahren zur Kosteneinsparung bei (Auslands)Telefonaten und dem Aufbau von Internetverbindungen. Dazu meldet sich der Benutzer bei einem Callback-Service an und ruft bei einem Auslandsgespräch dessen Nummer. Dieses Unternehmen ruft ihn dann zurück und baut eine Konferenzschaltung mit dem gewünschten Teilnehmer auf. Die Gespräche laufen oft über eigene Leitungen der Callback-Firma oder sogar über das Internet (→ **Voice over IP**) und sind deswegen billiger als bei einer normalen Telefongesellschaft. Das Callback-Verfahren wird auch benutzt, um den Benutzer beim Aufbau einer sicheren Internetverbindung besser identifizieren zu können.

Call for Votes (CFV)

Aufruf an die Mitglieder einer → **Newsgroup**, zu einem bestimmten Thema Meinungen zu äußern oder darüber abzustimmen.

Call to action

„Aufruf zum Handeln"; → **Banner**, das den Kunden zu einer Reaktion auffordert (z. B. „Bitte hier klicken!").

CAM

→ **Computer Aided Manufacturing**

CAPI

→ **Common Application Programming Interface**

Cappuccino-Worker

Das klingt zunächst nach einer entspannenden Tätigkeit beim Kaffeetrinken, kann aber sehr stressig sein: Gemeint ist ein Arbeitnehmer, der gleichzeitig verschiedene Jobs hat. Die Zusammensetzung ist wie bei einem Cappuccino: Der Hauptjob, der die Miete sichern sollte, entspricht dem schwarzen Kaffee. Dazu kommen als Milchschaum Nebentätigkeiten und als Schokopulver unregelmäßige Sonderprojekte. Da Arbeitsmarktexperten davon ausgehen, dass die lebenslange Tätigkeit in einem Unternehmen der Vergangenheit angehört und projektbezogene Arbeit zunimmt, ist das Cappuccino-Working wahrscheinlich das Arbeitsmodell der Zukunft.

Carbon Copy (CC)

Heißt wörtlich „Kohlepapierdurchschlag", der im elektronischen Zeitalter kaum noch bekannt ist. Man benutzt CC als Bezeichnung für die Kopie einer E-Mail, die außer an einen Hauptadressaten auch noch an andere Empfänger geht. → **BCC**

Cardware

Software, die von ihrem Programmierer kostenlos abgegeben wird. Er erwartet lediglich eine Postkarte der Benutzer – am besten mit einem Dankeschön. → **Freeware**, → **Charityware**, → **Shareware**

Career Limiting Move (CLM)

Fehlverhalten, das die Karriere beendet.

Careware

→ **Charityware**

Carnivore

Das Wort bedeutet „Fleischfresser", klingt gefährlich und ist es in den Augen mancher Datenschützer auch. Es ist der Name einer Software, die für die US-Bundespolizei FBI entwickelt wurde. Damit können E-Mails nach verdächtigen Begriffen durchsucht und gespeichert werden. Weil der Name „Carnivore" dann doch zu unangenehme Assoziationen wecken könnte, wurde das Programm mittlerweile offiziell in „Digital Collection System" umbenannt.

Carried Interest

Ein Bonus für Manager eines Investmentfonds (aber auch im Zusammenhang mit → **Venture Capital** gebraucht). Der Carried Interest (auch „Carry" genannt) ist eine erfolgsabhängige Prämie. Die Manager werden also direkt an den Gewinnen des Fonds beteiligt, wovon man sich einen besonderen Einsatz für den Erfolg verspricht.

Cascade

„Wasserfall"; dieser Begriff bezeichnet eine Kommunikationsform, der sich gewisse Usenet-Newsgroups verschrieben haben. Das Prinzip des Kommunizierens entspricht dem des klassischen Kettenbriefs: Der Leser einer Nachricht fügt unter Bezugnahme auf das zuvor Geschriebene eine eigene Nachricht hinzu und sendet das Ganze weiter. Auch jeder weitere User kommentiert wiederum die empfangene Nachricht und stellt seinerseits das Ergebnis ins Netz.

Cash Cow

Gut eingeführtes Produkt oder Geschäft, das ohne große Anstrengungen einen ständigen Fluss von Gewinnen erzeugt, also eine (Geld-)Kuh, die nur noch gemolken werden muss. → **Produktzyklus**

Cash4 Clicks

Cash for Clicks; Geschäftsmodell, bei dem der Kunde für das Betrachten und vor allem das Anklicken von Werbebannern (→ **Banner**) bezahlt wird, also einen Teil der Werbeeinnahmen erhält. Manche Firmen stellen sogar kostenlos oder verbilligt einen PC zur Verfügung, wenn der Kunde sich dafür Werbung ansieht.

CBC

→ **Cell Broadcast System**

CBI

→ **Collaborative Business Intelligence**

CC

→ **Carbon Copy**

CCO

→ **Chief Content Officer**

CeBIT

Weltgrößte Computermesse, die jedes Frühjahr in Hannover stattfindet. Sie entstand aus dem „Centrum für Büro- und Informationstechnik", einer Sonderschau der Hannovermesse, die sich wachsender Beliebtheit erfreute und 1986 als eigene Messe ausgelagert wurde.

Cell Broadcast System (CBC)

Handy-Netze sind in Funkzellen eingeteilt. Mit CBC kann ein Anbieter Nachrichten gezielt an Kunden in bestimmten Funkzellen verschicken. Das ist wichtig, um beim → **M-Commerce** regionalisierte Dienste anbieten zu können. Denn wenn sich der Handy-Benutzer gerade in Hamburg aufhält, kann er mit Kino-Tipps für München natürlich nichts anfangen.

Censorware

Überbegriff für Computerprogramme, die Websites mit bestimmten Inhalten filtern und blockieren können. Eigentlich sind sie für den Jugendschutz gedacht und werden auch als „Parental Control Software" bezeichnet. Es besteht jedoch die Befürchtung, dass solche Programme in totalitären Staaten zur Zensur von politisch Andersdenkenden benutzt werden könnten.

Central Processing Unit (CPU)

Der Prozessor, der wichtigste Bestandteil eines Computers. In diesem Chip werden die Daten verarbeitet, die der Arbeitsspeicher anliefert.

Century-21 Site

Website, die „umgezogen" ist und von der unter der alten Adresse nur noch der → **Link** zur neuen zu finden ist.

CEO

→ **Chief Executive Officer**

Certificate Authority

Unabhängige Organisation, die bei einem Geschäft im Internet sowohl für die Echtheit des Kunden als auch des Händlers bürgt. → **Biometrie**

CFO

→ **Chief Financial Operations**

CFV

→ **Call for Votes**

CGI

→ **Common Gateway Interface**

Chaffing and Winnowing

Verschlüsselungstechnik; dabei wird die Information in Datenpakete zerlegt und mit bedeutungslosen Informationen vermischt. Nur der Inhaber des richtigen Schlüssels kann die wichtigen von den unwichtigen Daten trennen. Hierher rührt auch der Name dieser Technik: „Die Spreu vom Weizen trennen" heißt auf Englisch „To winnow the chaff from the wheat". → **Kryptographie**, → **Advanced Encryption Standard**

Challenge Handshake Protocol

Methode, um eine sichere Datenverbindung aufzubauen. Bei der Verbindungsanfrage schickt der Server eine Nachricht an den → **CHAP Client**. Dieser übermittelt dann verschlüsselt den Benutzernamen und das Passwort. Nur wenn der Server die Rückmeldung mit dem Originalschlüssel entziffern kann, wird der Zugang erlaubt.

Changeability

Anpassungsfähigkeit an berufliche und technologische Veränderungen. Weil Wissen immer schneller veraltet und ständig neue Technologien entwickelt werden, ist Changeability eine Grundvoraussetzung für die Arbeitswelt von morgen.

Channel

Channels sind in regelmäßigen Zeiträumen aktualisierte Websites mit integrierten Chatrooms (→ **Chat**), die z. B. von Zeitschriften oder Fernsehsendern als Nachrichten- und Informations-Sites angeboten werden. Meistens sind sie direkt von der Browseroberfläche (→ **Browser**) aus anklickbar. Der User kann sie abonnieren und dabei die Aktualisierungsintervalle selbst bestimmen.

Channel Optimizer

Unternehmen, bei dem das Internet dazu benutzt wird, bestehende Verkaufskanäle zu verbessern statt zu ersetzen. → **Clicks and Mortar**

Chaos Computer Club

Ein in Deutschland eingetragener Verein, der aus einer Gruppe von Hackern besteht, die durch das Eindringen in fremde Computernetze auf die Sicherheitsrisiken und Gefahren der zunehmend vernetzten Gesellschaft hinweisen wollen.

CHAP

→ **Challenge Handshake Protocol**

Charityware

Frei kopierbare Software. Meist handelt es sich dabei um kleinere, wenig aufwändige Programme. Der Autor erwartet keine ernsthafte Registrierung wie bei der → **Shareware**, sondern bestenfalls wohlwollende Kommentare der „barmherzigen" Benutzer („charity" heißt „Wohlfahrt").

Chat

„Plauderei" im → **WWW**; dabei tippen die Teilnehmer ihre Beiträge ein, die in Echtzeit auf den Bildschirmen aller Teilnehmer erscheinen. Es gibt mittlerweile Chats zu fast allen Themen, die teilweise auch regelmäßig (häufig in den so genannten „Chatrooms") stattfinden.

Cheftaste

Die „Esc“-Taste. Sie gilt es ganz schnell zu drücken, wenn der Chef das Büro betritt und gerade private E-Mails gelesen werden oder ein Spiel auf dem Computer läuft.

Chief Content Officer (CCO)

Führungskraft, die sich in einem Unternehmen um die Inhalte der Website kümmert. → **CEO**, → **CFO**, → **CKO**, → **CMO**, → **CVO**

Chief Executive Officer (CEO)

Oberster Manager eines Unternehmens. Früher hieß er meist ganz langweilig „Vorstandsvorsitzender“ oder „Geschäftsführer“.

Chief Financial Operations (CFO)

Der CFO ist diejenige Person einer Unternehmensleitung, die sich um die Finanzplanung kümmert, also eine Art „Finanzvorstand“.

Chief Information Officer (CIO)

Führungskraft, die für die interne Kommunikation, die verschiedenen Informationssysteme sowie für den Internet-Auftritt eines Unternehmens verantwortlich ist.

Chief Knowledge Officer (CKO)

Führender Mitarbeiter, dessen Aufgabe es ist, das in einem Unternehmen vorhandene Wissen zu sammeln, zu strukturieren und den Mitarbeitern zugänglich zu machen. → **Knowledge Management**, → **CEO**, → **CFO**, → **CKO**, → **CMO**, → **CVO**

Chief Marketing Operations (CMO)

Offizielle Bezeichnung für den Vorstand der Marketingabteilung eines Unternehmens.

Chief Technology Officer (CTO)

Der Leiter der Abteilung für technische Entwicklung, also der „Anführer“ der → **Tekkies**.

Chief Visionary Officer (CVO)

Bezeichnung für eine Führungskraft, die sich um die langfristige Entwicklung des Unternehmens kümmert. Manchmal wird dieser Titel auch an den des → **CEOs** angefügt, der in Personalunion dann auch für die Visionen zuständig ist.

Chinese Walls

„Chinesische Mauern“ werden in Finanzinstitutionen errichtet, um Insidergeschäfte zu erschweren. Der Informationsaustausch zwischen Abteilungen, die in einen Interessenskonflikt geraten könnten, wird so unterbunden.

Chip Art

Mikroskopisch kleine, für das menschliche Auge nicht erkennbare Zeichnungen, die Chip-Designer auf ungenutzten Stellen eines Computerchips hinterlassen. Erstmals entdeckte der Fotograf Michael Davidson 1998 auf stark vergrößerten Aufnahmen eines Chips die Kinderbuch-Figur „Waldo“. Chip Art lässt sich mit den Ostereiern (→ **Easter Egg**) der Software-Programmierer vergleichen.

Chip Graffiti

→ **Chip Art**

Churn Rate

Ein Maßstab für die Kundenbindung. Ursprünglich ging es dabei um Telefongesellschaften: der Umsatz in einem bestimmten Zeitraum (z. B. in einem Jahr) wurde ins Verhältnis gesetzt zu den Telefoneinheiten, die die Kunden verbrauchten. Mittlerweile gebraucht man den Begriff generell als „Kündigungsrate". Der „churn" gibt an, wie viele Kunden ein Unternehmen bezogen auf die Gesamtkundenzahl in einem bestimmten Zeitraum verloren hat.

CIC

→ **Customer Interaction Center**

CIO

→ **Chief Information Officer**

CIX

→ **Commercial Internet Exchange**

CKO

→ **Chief Knowledge Officer**

Clickability

„Klickbarkeit" heißt, dass der Name einer Internetmarke vom Nutzer nach Möglichkeit leicht einzutippen und eingängig sein soll.

Clicks and Mortar

Wortspiel mit → **Bricks and Mortar**, der Bezeichnung für die althergebrachte Wirtschaftswelt einerseits, und den Mausklicks („Clicks"), Symbol für die Online-Wirtschaft andererseits. Mit „Clicks and Mortar" oder auch „Bricks and Clicks" bezeichnet man Unternehmen, die sowohl in der einen als auch in der anderen Welt zu Hause sind. Also z. B. den → **Online-Broker**, der in mehreren Großstädten Kundenzentren einrichtet.

Clickstream

„Klickstrom"; dieser Weg muss von jedem Besucher einer Website zurückgelegt werden, um innerhalb der betreffenden Website zur jeweils gewünschten Information zu gelangen. Die Auswertung der Klickströme gibt Auskunft über die Nutzerfreundlichkeit der Website und ermöglicht die Erstellung eines Profils. Für den Betreiber einer Website sind derartige Informationen wichtig, um nachvollziehen zu können, wie sein Angebot genutzt wird. → **User Tracking**, → **Web Tracking**

Clickthrough

„Klickdurchgang"; Einheit, die angibt, wie viele Internetsurfer sich durch das Anklicken eines → **Banners** auf die Website des werbetreibenden Unternehmens (oder Anbieters allgemein) weiterleiten lassen. → **Ad Click**

Client

„Kunde"; Computer, der mit einem Server verbunden ist, der ihm seine Dienste zur Verfügung stellt. Der Client schickt Anfragen des Benutzers an den Server und stellt dessen Antworten auf dem Bildschirm dar. → **Client-Server**

Client-Server
Bezeichnung für eine bestimmte Struktur von Netzwerken. Die Aufgaben sind darin hierarchisch verteilt: Ein Server stellt die Informationen (z. B. den Zugriff auf bestimmte Daten) zur Verfügung, die angeschlossenen → **Clients** nutzen sie. Online-Dienste sind immer nach diesem Schema aufgebaut. Im Gegensatz dazu stehen Peer-to-peer-Netzwerke (→ **Peer-to-peer**). In ihnen ist jeder Computer zugleich Client und Server.

Clip art
Sammlung von Fotos oder Grafiken (nach Themen sortiert). Beim Bearbeiten und Gestalten eines Dokuments können die Zeichnungen des themenspezifischen Bildarchivs nützlich eingesetzt werden. Meistens ist dieses Bildmaterial bereits beim Kauf eines Computers auf der Festplatte installiert, man kann Clip arts aber auch aus dem Internet herunterladen.

CLM
→ **Career Limiting Move**

Cloud
„Wolke"; der unvorhersehbare Weg, den ein Datenpaket in einem Netzwerk nimmt. Ausgangspunkt und Ziel sind bekannt, der Rest nicht. Bei einer Übermittlung in einzelnen Paketen kann der Weg jeder einzelnen Datenteilmenge ein anderer sein.

CMC
→ **Computer Mediated Communication**

CMO
→ **Chief Marketing Operations**

CMS
→ **Content Management System**

Co-Branding
Gemeinsamer Auftritt von mehreren Marken, die z. B. als Sponsoren einer Veranstaltung zusammenarbeiten. Co-Branding soll die positiven Attribute einer Marke auf die jeweils anderen übertragen. → **Branding**

Cockroach Theory
Die „Kakerlaken-Theorie" ist eine Art Bauernregel für Börsianer. Sie besagt, dass schlechte Nachrichten immer gleichzeitig kommen; genau wie eine Kakerlake („cockroach") niemals allein auftaucht.

Code Pie
Begriff aus dem Jargon der → **Tekkies**, mit dem die „Belohnungspizza" bezeichnet wird, die sich Programmierer nach getaner Arbeit vor dem Computer gönnen.

Co- Domain
Eine zweite Internetadresse (→ **Domain**), die zum gleichen Ziel führt wie eine andere. Firmen sichern sich häufig ihren Namen in einer anderen Schreibweise als Co-Domain, damit die Kunden sie auf alle Fälle finden.

Collaborative Business Intelligence (CBI)
Ein System für das Wissensmanagement, das im Internet angesiedelt ist.

Im CBI werden Informationen aus vielen Quellen gesammelt, die von Benutzern leicht gelesen, kommentiert und ergänzt werden können.

Collaborative Filtering

Eine Technik, die beim → **E-Commerce** eingesetzt wird. Dabei analysieren die Unternehmen das Kaufverhalten ihrer Kunden. Sucht sich ein Käufer dann ein Produkt aus, werden ihm andere Produkte empfohlen, die – laut Analyse – seinem Kaufverhalten und Geschmack entsprechen, nach dem Motto: „Kunden, die dieses Buch bestellt haben, haben auch die Bücher X und Y gekauft."

Com

Bestandteil von Internet-Adressen, der eine Abkürzung des englischen Wortes „company" ist. Deshalb kann man bei einer Internet-Adresse mit dieser Endung stets darauf schließen, dass es sich um ein Wirtschaftsunternehmen handelt.

Commerce Service Provider

Ein Dienstleister, der die nötige Soft- und Hardware für den → **E-Commerce** vermietet, z. B. Techniken für eine sichere Bezahlung, für die Verwaltung von bestellten Artikeln etc.

Commercial Internet Exchange (CIX)

Bezeichnung für die Verbindungsknoten des Internets, an denen die weltweiten Datenströme von einem Netz an ein anderes weitergeleitet werden, um einen kürzestmöglichen Datentransfer sicherzustellen. Wird in Deutschland von der DE-CIX (Sitz Frankfurt/Main) übernommen.

Commission Sharing

So nennt man es, wenn → **Dotcoms** bei einem Geschäftsabschluss einen Teil ihrer Provision an das Unternehmen abgeben, das den Kunden auf die Website des E-Commerce-Anbieters (→ **E-Commerce**) gebracht hat. Für manche → **Portale** ist Commission Sharing ein Teil ihres → **Revenue Models**.

Common Application Programming Interface (CAPI)

Standardisierte Schnittstelle, die von einer Software, z. B. Windows, benutzt wird, um ein ISDN-Gerät (→ **ISDN**) anzusteuern; weitgehend Hardware-unabhängig.

Common Gateway Interface (CGI)

Standard für interaktive Websites, bei denen der Benutzer Daten für ein Formular oder Meinungsforum übermitteln kann. Ein CGI-Programm kann in sehr vielen Programmiersprachen geschrieben sein; sehr gebräuchlich ist z. B. Perl. Ein CGI-Programm wird anders als → **Java** oder → **Active X** nicht beim Benutzer ausgeführt, sondern auf dem Server.

Community

„Gemeinschaft" von Gleichgesinnten im Internet. Sie treffen sich in Chatrooms (→ **Chat**) um ihre Erlebnisse und Gedanken auszutauschen oder in

→ **MUDs**, um gegeneinander zu spielen. Viele Firmen versuchen, auf ihrer Website eine Community zu schaffen, um → **Data Mining** zu betreiben und die → **Stickiness** zu erhöhen.

Competitive Intelligence

Wenn es sich nicht um Unternehmen handeln würde, wäre die Übersetzung „Spionage" wohl die beste: Herausfinden, was die Konkurrenz plant, welche Marketingmaßnahmen sie benutzt, wie die Preise kalkuliert sind – und diese Informationen dann gegen den Wettbewerber einsetzen.

Compound Annual Growth Rate (CAGR)

Jährliche Wachstumsrate eines Unternehmens. Viele → **Start-ups** wachsen sehr schnell. Hieraus ergeben sich vielfach Schwierigkeiten, so z. B., ausreichend qualifiziertes Personal zu finden. → **Hypergrowth**

Computer Aided Design (CAD)

Wann immer mithilfe von Computern Entwürfe und Konstruktionen erstellt und weiterentwickelt werden, spricht man von „rechnergestütztem Design". Zahlreiche Berufsgruppen (z. B. Architekten) profitieren von der Computertechnik, die Spiegelungen, Maßstabberechnungen u. Ä. ermöglicht.

Computer Aided Engineering (CAE)

„Computergestützte Ingenieursarbeit" ist der Oberbegriff für alle Entwicklungs- und Produktionsverfahren, für die Computer eingesetzt werden. Dazu gehören z. B. das → **Computer Aided Manufacturing** oder das → **Computer Aided Design**.

Computer Aided Learning (CAL)

„Computergestütztes Lernen"; so bezeichnet man das Lernen unter Einsatz von Computertechnik, z. B. mithilfe des Internets oder von Multimedia-Lernprogrammen → **E-Learning**

Computer Aided Manufacturing (CAM)

Der Einsatz von Computern in der Fertigung, z. B. Erstellen von Fertigungsanlagen, Automatisieren des Materialflusses und Steuerung von Werkzeugmaschinen.

Computer Literacy

„Computer-Alphabetismus"; die Fähigkeit, mit einem Computer umzugehen. → **Digital Divide**

Computer Mediated Communication (CMC)

„Computer-vermittelte" Kommunikation bezeichnet alle Wege der Informationsübermittlung, bei denen ein Computer benutzt wird. Der gebräuchliche deutsche Begriff ist Datenfernübertragung (DFÜ).

Computer Service Provider (CSP)

Ein CSP vermietet seine Server an andere Unternehmen. Ein Application Service Provider oder Internet-Händler spart sich so den Aufbau einer teuren Rechner-Infrastruktur.

Computervirus

Ein schädliches Programm, das in einen Computer eingeschmuggelt wird. Manche Viren sind harmlos, andere können wertvolle Daten unwiderbringlich zerstören. Benutzer versuchen, sich mit spezieller Antivirensoftware oder → **Firewalls** vor den Eindringlingen wirksam zu schützen. → **Trojaner**, → **Wurm**

Condom

Humorige Bezeichnung für den Plastikschutzüberzug von 3,5"-Disketten und Tastaturen. Diese Hüllen und Abdeckungen dienen als Staubschutz.

Connectivity

Heißt soviel wie „Zusammenhalt/Verbundenheit". Im Zusammenhang mit dem Internet ist damit jede Hard- und Software gemeint, die man für den Zugang benötigt – vom Telefonanschluss bis zum → **Browser**.

Consumer Profiling

Das Sammeln von Kundendaten aus allen nur erdenklichen Quellen. Beim Online-Handel durch → **Cookies** oder → **Data Mining**, beim Kauf im Supermarkt durch Treuepunktesysteme oder Ähnliches. Ziel ist es, eine große Datenbank mit Kundenprofilen anlegen zu können. Consumer Profiling ist die Grundlage für → **Targeting**.

Consumer-to-Business-to-Consumer (C2B2C)

Geschäft, bei dem ein Verbraucher etwas über einen professionellen Zwischenhändler an einen anderen Verbraucher verkauft. Also eine Weiterentwicklung des Internet-Geschäftsmodells → **C2C**.

Consumer-to-Consumer (C2C)

Geschäft zwischen zwei Endverbrauchern. Beispiel: Herr A will sein Auto verkaufen, Frau B kauft es. Das lokale Anzeigenblatt, in dem solche Angebote bisher inseriert waren, soll in Zukunft von C2C-Plattformen im Internet abgelöst werden.

Contact Manager

Software, die für die Verwaltung von Kundendaten eingesetzt wird. Die meisten dieser Systeme bestehen aus einer Datenbank, in der Informationen über vergangene Geschäfte enthalten sind. Außerdem bieten sie die Möglichkeit, in Marketing und Kundenservice künftige Kontakte vorauszuplanen.

Content

Im Internet-Zeitalter bezeichnet das englische Wort für „Inhalt" das Text-, Bild- und Filmmaterial auf einer Website. Da es ohne Inhalte keine Website geben kann, erwarten die Experten einen Aufschwung für die Unternehmen, die Inhalte bereitstellen bzw. die Rechte an Inhalten haben. Häufige Schlagworte hierzu sind: „Content is the key" und „Content is king", was etwa so viel bedeutet wie „Der Inhalt ist der Schlüssel zum Erfolg" und „Der Inhalt ist das Wichtigste". Durch die Verbindung mit dem Medienunternehmen Time Warner gelang es z. B. dem Online-Dienst AOL, sich den Zugang zu wertvollem Text- und Filmmaterial zu sichern. → **E-Day**

Content Billing

Abrechnungsverfahren für die Datenübertragung, bei dem der Nutzer nur für die übertragenen Inhalte bezahlt, aber nicht für die Verbindungszeit. Vor allem Anbieter von mobilen Datendiensten (z. B. per → **UMTS**) setzen entsprechende Abrechnungssysteme ein oder kündigen sie an.

Content Management System (CMS)

Programm, das die Aktualisierung einer Website so weit wie möglich vereinfachen soll. Dabei werden die Inhalte meist aus einer Datenbank geholt und in Seitenvorlagen eingefügt.

Content Marketing

Werbemaßnahme, die versucht, den Kunden durch Inhalte an ein Angebot heranzuziehen und zu binden. Später wird ihm dann eine Dienstleistung oder Produkte angeboten, die ihn auf der Website halten sollen.

Content Syndication

Bereitstellen von Inhalten für Websites. Diese Texte, Bilder oder Filme können idealerweise von verschiedenen Angeboten benutzt und dadurch mehrfach verwertet werden, z. B. Online-Horoskope oder Wetterberichte. Die Content Syndication funktioniert ähnlich wie eine Nachrichtenagentur bei Zeitungen: Sie stellt Inhalte zur Verfügung, die dann im Layout des Kunden erscheinen. Der Nutzer merkt nicht, dass dieselben Inhalte mehrfach verwendet werden.

Contrarian

Anleger, der sich antizyklisch verhält. Wenn andere Anleger ihre Aktien verkaufen und die Kurse fallen, kauft er ein. Umgekehrt verkauft er, wenn die anderen investieren und die Kurse damit nach oben gehen. Die Schwierigkeit dabei ist, den Höchst- oder Tiefststand möglichst genau abzupassen.

Cookies

Englisch für „Kekse". Server sorgen dafür, dass diese Krümel auf der Festplatte eines Internet-Surfers zurückbleiben. Beim nächsten Kontakt kann der Surfer identifiziert werden. Das kann einerseits eine Erleichterung sein, weil bestimmte Daten nicht immer wieder eingegeben werden müssen, andererseits fühlen sich manche Kunden von Cookies ausspioniert. Die meisten → **Browser** erlauben es deshalb, die Datenkekse abzuweisen.

Copycat

Firmen, die ein Business-Modell kopieren, das in einem anderen Land schon funktioniert hat.

Copyleft

Gegenbegriff zu → **Copyright**; bezeichnet Software, die frei kopiert und weiterentwickelt werden darf. → **Open Source**

Copyright

Urheberrecht; das „Recht zum Kopieren" eines copyright-geschützten

Produkts liegt im Wesentlichen beim Urheber, der direkt nach diesem Vermerk genannt wird. Es wird auch durch das Zeichen © dargestellt.

Cornea Gumbo

„Cornea“ ist die Hornhaut des Auges, „Gumbo“ eine Art Eintopf. Dieser Ausdruck bezeichnet Websites oder Anzeigen, die mit bunten Grafiken, Bildern und verschiedenen Schrifttypen überladen sind.

Corporate Concierge

Mitarbeiter eines Unternehmens, der sich um die persönlichen Angelegenheiten (z. B. Restaurant-Reservierungen oder Einkäufe) von anderen Mitarbeitern kümmert, die dafür keine Zeit haben.

Corporate Venturing

Risikokapital-Finanzierungen, hinter denen ein großes Industrieunternehmen (= Business Corporation) steht. Manchmal haben große Konzerne sogar eine eigene Venture Capital-Gesellschaft (→ **Venture Capital**), mit denen sie sich an interessanten → **Start-ups** beteiligen. Das kann sich sogar positiv auf das ursprüngliche Konzerngeschäft auswirken, z. B. wenn ein Mobilfunkhersteller versucht, jungen M-Commerce-Unternehmen (→ **M-Commerce**) zum Erfolg zu verhelfen.

Co-Shopping

So nennt man es, wenn Verbraucher nach dem Motto „gemeinsam sind wir stärker“ handeln. Eine Co-Shopping-Plattform im Internet versammelt z. B. 50 Interessenten für den Kauf einer neuen Kaffeemaschine und versucht dann beim Hersteller Mengenrabatt herauszuhandeln.

Cost per action (CPA)

Kosten für Werbebanner (→ **Banner**) im Verhältnis zu Kundenreaktionen, die über das reine Anklicken des Banners hinausgehen (z. B. das Eintragen in eine → **Mailing List**); ein Maßstab für die Effektivität der Werbung.

Cost per Click (CPC)

Abrechnungsverfahren für → **Banner**. Dabei wird nicht wie meist für die Page Views bezahlt, sondern nur für die Kunden, die sich bis zur Zielseite durchgeklickt haben. → **Clickthrough**

Cost per lead (CPL)

Spezieller Fall von → **Cost per action**. Dabei werden die Werbeausgaben ins Verhältnis gesetzt zur Steigerung der Verkaufszahlen.

Cost per thousand (CPM)

Der so genannte „Tausenderkontaktpreis“. Er gibt an, wieviel Geld für ein Werbebanner (→ **Banner**) ausgegeben werden muss, um tausend Kunden zu erreichen. Dadurch werden die Werbepreise verschiedener Anbieter vergleichbar. Das „M“ in der Abkürzung CPM steht für die römische Zahl 1000.

Courseware

Verschmelzung von „course“ (Kurs) und „Software“. Gemeint ist Lern-

oder Trainingssoftware. Meistens wird sie über CD-ROM verbreitet, immer häufiger aber auch über das Internet. → **Virtuelle Universität**, → **Webucation**

Co-Venturing

Dieser Begriff wird verwendet, wenn mehrere Venture-Capital-Firmen (→ **Venture Capital**) sich an einem Unternehmen beteiligen. Der Hauptgeldgeber wird als → **Lead Investor** bezeichnet.

CPA

→ **Cost per action**

CPC

→ **Cost per Click**

CPL

→ **Cost per lead**

CPM

→ **Cost per thousand**

CPU

→ **Central Processing Unit**

Crack

Knacken eines Kopierschutzes bei Software. Die von Herstellern kostenlos verbreiteten, 30 Tage lauffähigen Testversionen von Programmen sind häufig als „gecrackte" Software im Internet zu finden.

Cracker

„Computerfachleute", die sich durch ihre Fähigkeiten illegal Zutritt zu fremden Computernetzen verschaffen und dort Daten und Informationen manipulieren oder zerstören. → **Hacker**

Craplet

Java Applet (→ **Applet**), das schlechte oder hässliche Ergebnisse produziert oder gar nicht funktioniert.

Crash Test Dummy

Böse Bezeichnung für einen Kunden, der die erste Ausgabe einer Software gekauft hat, und der fast sicher mit lästigen → **Bugs** zu kämpfen hat. Der Hersteller profitiert von den negativen Erfahrungen des Kunden, weil er die Software dann verbessern kann. → **Bananensoftware**, → **Betaversion**, → **Patch**

Crippleware

Besondere Form der → **Shareware**. Dabei überlässt der Entwickler dem User ein unvollständiges Programm, in dem wichtige Funktionen nicht vorhanden sind. Erst nach der Registrierung (und Bezahlung) werden die fehlenden Bestandteile nachgeliefert.

CRM

→ **Customer Relationship Management**

Cross-Channel-Marketing

So nennt man es, wenn eine Firma einen ihrer Verkaufskanäle nutzt, um auf einen anderen hinzuweisen, z. B., indem sie in ihrem Katalog Werbung für ihre Website macht.

CSP

→ **Computer Service Provider**

CTO

→ **Chief Technology Officer**

Cubicles

„Zellen", „Kabinen"; Aufteilung eines Großraumbüros in viele gleich große (oder eher kleine) Arbeitsplätze. Die Stellwände aus Pappe oder Sperrholz sollen dem Mitarbeiter das Gefühl von Privatsphäre geben, erzeugen aber meist ein ungutes Gefühl von Beklemmung.

Customer Interaction Center (CIC)

Früher reichte die Telefonnummer des Kundendienstes, dann kamen die Call-Center, und diese werden jetzt nach und nach zu den so genannten CICs. Alles, was mit Kundenkontakt zu tun hat, wird hier untergebracht, ob die Nachricht nun per Telefon, Fax, E-Mail oder auf einem anderen Kommunikationsweg eintrifft. Der Kunde soll über dieses Zentrum alle Informationen über die Firma erhalten, umgekehrt werden Kundendaten und -wünsche vom CIC an das Unternehmen weiter geleitet.

Customer Relationship Managaement (CRM)

Bündelt alle Maßnahmen, die zum Erhalt, zur Pflege und zum Ausbau des Kundenkontaktes dienen. Dazu gehören z. B. die Erreichbarkeit für Kundenanfragen über Internet oder Call-Center, aber auch das → **Data Mining**. Ziel ist es, dem Kunden personalisierte, auf ihn zugeschnittene Angebote unterbreiten zu können. → **One-to-one-Marketing**, → **Customer Relationship Marketing**

Customer Relationship Marketing

Wichtiger Bestandteil des → **Customer Relationship Management**. Es stellt durch → **One-to-one-Marketing**, das sich an Stammkunden des Unternehmens richtet, die Werte Vertrauen und Loyalität besonders in den Vordergrund, um so die Verkaufszahlen zu erhöhen.

Customizing

Anpassen von Angeboten auf die Bedürfnisse und Vorlieben des einzelnen Kunden. Dazu wird entweder explizit nach den Wünschen gefragt oder das Verhalten des Konsumenten auch ohne sein Einverständnis durchleuchtet und analysiert. → **Data Mining**, → **One-to-One-Marketing**

CVO

→ **Chief Visionary Officer**

Cyberburger Koint

Fastfood-Restaurant mit Internet-Anschluss, ähnlich wie ein → **Cybercafé**. Zum ersten Mal wurde diese Bezeichnung 1998 in einem Artikel der New York Times benutzt.

Cybercafé

Bereits seit den 90er Jahren existieren diese für die Computergeneration typischen Internetcafés. Hier treffen sich User nicht nur zum Essen und Trinken, sondern in erster Linie, um an den dort vorhandenen PC's im

Internet zu surfen, E-Mails zu lesen und zu versenden.

Cyber Cash
Name eines amerikaninschen Unternehmens; entwickelte das System → **Cyber Coin**.

Cyber Coin
Elektronisches System, das bargeldlosen Zahlungsverkehr im Internet per Kreditkarte für den Preisbereich bis DM 20,- ermöglicht; entwickelt von der US-Firma → **Cyber Cash**.

Cybercommuting
→ **Telearbeit**

Cyber Cop
Mit dem Anstieg der Internetkriminalität wurde das Einschreiten der „Cyberpolizisten" nötig. Cyber Cop ist aber auch der Markenname eines Sicherheitssystems für Netzwerke.

Cyberfraud
Betrug beim Einkaufen im Internet. Die häufigste Form ist der Kreditkartenbetrug, die Bestellung mit gestohlenen oder erfundenen Kartennummern. Auf der anderen Seite kommt es vor, dass bezahlte Produkte nicht geliefert werden.

Cybergeographie
Wie in der echten Geographie werden auch hierbei Karten angelegt, und zwar vom Internet. Sie zeigen die → **Backbones** und ihre Verbindungen untereinander, stellen dar, welche Übertragungskapazität die einzelnen Teile des Netzes haben und wie die Information im Internet verknüpft ist.

Cybernaut
Verschmelzung aus → **„Cyberspace"** und „Astronaut"; als „Internetastronauten" werden diejenigen User bezeichnet, deren Lieblingsbeschäftigung es ist, so viel Zeit wie möglich im Internet zu verbringen.

Cyberprise
Verschmelzung aus → **„Cyberspace"** und „enterprise" („Unternehmen"). So werden Firmen bezeichnet, die im Internet präsent sind und dort ihre Geschäfte abwickeln.

Cyberpunk
Kämpfer gegen eine Kommerzialisierung des → **Cyberspace**. Der Begriff entstand in den 80er Jahren und war der Titel einer Kurzgeschichte von Bruce Bethke. Später wurde er für eine Sciencefiction-Literaturbewegung gebraucht, zu der z. B. der Autor William Gibson zählt. → **Cracker**, → **Hacker**

Cyberscriber
Bezeichnet eine Person, die Texte im Internet veröffentlicht – auf der eigenen Homepage, in → **Newsgroups** oder anderen Foren. Manchmal bezeichnet man damit auch Journalisten, die über das Internet schreiben.

Cyberspace
Dieser Begriff bezeichnet die durch Computerverbindungen ermöglichte weltweite und unbegrenzte Kommunikation des Internetzeitalters.

Cybersquatting

→ **Markengrabbing**, → **Domaingrabbing**

Cyberstalking

Verschmelzung aus → „**Cyberspace**" und „to stalk" (= „sich anpirschen"). Hinterhältige und undurchschaubare Versuche von → **Data Mining**.

Cyberstyle

→ **Internetese**

Cyberterrorismus

Der Versuch von Kriminellen, die Kommunikation eines Unternehmens oder einer Behörde lahm zu legen. Dazu wird entweder ein → **Computervirus** in das System eingeschleust oder eine → **Denial-of-Service-Attacke** gestartet. Da derartige Angriffe oft großen Schaden anrichten, sind High-Tech-Sicherheitsdienste ein lukratives Geschäft.

Cyberwar

Krieg im → **Cyberspace**; dieser Begriff bezeichnet die Gefahr, dass im Zeitalter weltweiter Vernetzung Kriege nicht länger auf dem Schlachtfeld geführt werden. Vielmehr ermöglicht der illegale Zugriff auf staatliche Computernetze (z. B. der Polizei) und deren mögliche Zerstörung kriminellen Organisationen oder fremden Staaten eine massive Einflussnahme auf den politischen Gegner.

Cyberwoozling

Ähnlich wie bei → **Cookies** ermöglicht es die Technik des Cyberwoozling, Daten eines Users aufzunehmen und z. B. für eine Werbeaktion zu speichern, sobald dieser eine derart ausgerüstete Website aufsucht. Der Begriff ist entstanden aus dem Wort → „**Cyberspace**" und der englischen Märchenfigur „Woozle".

Cybotage

Verschmelzung von „cyber" und „Sabotage". Sabotieren von Computern, Internet-Diensten oder anderer Technik. Wird häufig von → **Cyberpunks** oder → **Hackern** eingesetzt, um gegen die Kommerzialisierung des Internets zu protestieren. Cybotage ist z. B. eine → **Denial-of-Service-Attacke**. → **Cyberterrorismus**, → **Cyberwar**

Cybrarian

Verschmelzung aus → „**Cyberspace**" und „librarian" („Bibliothekar"). „Internetbibliothekare" betreiben für ihre Auftraggeber professionelle Recherche im Netz.

Cyburban Myth

Wortspiel mit „urban myth" (= „Großstadtlegende"); gemeint sind die modernen Legenden des → **Cyberspace**, Geschichten und Gerüchte, die über das Internet verbreitet werden.

Cyberpicketing

„Picketing" bezeichnet das Aufstellen von Streikposten. Gemeint ist der Einsatz des Internets, um Forderungen der Angestellten gegenüber einem Unternehmen durchzusetzen, z. B. im Bezug auf Löhne oder Umweltschutzstandards.

Daemon

Mit dem „Mailer Daemon“ haben die meisten E-Mail-Benutzer schon Bekanntschaft gemacht und sich gefragt, welcher böse Geist ihre Nachricht abgewiesen hat. Daemon steht aber für „Disk and Execution Monitor“. Das sind Programme, die solange schlummern, bis eine bestimmte Aufgabe zu erledigen ist, z. B. eine Mail mit unbekannter Adresse wieder an den Absender zurück zu schicken.

Data Cleaning Services

Unternehmen, die in einer Datenbank aufräumen und z. B. Karteileichen, widersprüchliche oder unvollständige Datensätze bereinigen.

Data Mining

Bezeichnet das „Graben“ nach Kundendaten – ob mit oder ohne dessen Wissen. Ziel ist, ein Benutzerprofil von den Besuchern einer Website anzulegen. So soll das Marketing besser auf den einzelnen Kunden zugeschnitten werden. → **Customer Relationship Management**, → **One-to-one-Marketing**, → **Cyberstalking**, → **Customizing**

Data Warehousing

Das systematische Sammeln, Organisieren und Auswerten von Daten in einem Unternehmen, die zur Unterstützung von Entscheidungen herangezogen werden können. Ziel ist es, die richtige Information zur richtigen Zeit am richtigen Ort zu haben. Dies ist in der Praxis trotz des Einsatzes teurer EDV nicht immer möglich.

Database Marketing

Ein Teil des → **Customer Relationship Managements**. Dafür sammelt ein Unternehmen Daten der Kunden, um Marketingaktivitäten zielgerichteter gestalten zu können. Eine Bank schickt hierbei z. B. ihre Anlagevorschläge nur noch an Kunden, die eine bestimmte Vermögensgrenze überschritten haben. Streuverluste eines Mailings werden so vermindert. → **Customizing**, → **Data Mining**,→ **One-to-one-Marketing**, → **Targeting**

Datenanzug

Mit Sensoren und druckauslösenden Flächen ausgestatteter Ganzkörperanzug. Ein Benutzer kann damit durch Virtual Reality-Anwendungen (→ **Virtual Reality**) steuern und erhält gleichzeitig über die Druckflächen das Gefühl, tatsächlich etwas anzufassen oder berührt zu werden. → **immersive Anwendungen**

Datenbank Management System

Ein Programm (häufig „Database Manager“ genannt), das verschiedenen Personen Zugang zu einer Datenbank verschafft. Dabei lassen sich unterschiedliche Zugriffsrechte verwalten: Einige Benutzer können die Daten nur lesen, andere dürfen sie auch bearbeiten.

Datenbrille

Brillenförmiger Monitor, der vor den Augen getragen wird (auch „Head-up Display“ genannt). Die Bilder erscheinen durch Projektion innen auf den

Brillengläsern. Dadurch sollen Virtual Reality-Anwendungen (→ **Virtual Reality**) realistischer werden. Es gibt auch Datenbrillen, die nicht das gesamte Sichtfeld des Benutzers abdecken. Das ist dann sinnvoll, wenn er nur Zusatzinformationen braucht, sich aber weiterhin auch in der realen Welt orientieren muss (wie bei der → **Augmented Reality** oder dem → **Wearable Computer**).

Datendurchsatz

Die Datenmenge, die ein Modem in einer bestimmten Zeit überträgt. Gemessen wird diese Datenmenge in → **Bits per second**.

Datenfasten

Bewusster Verzicht auf den Computer und moderne Kommunikationstechnologie für eine gewisse Zeit. Manche Menschen versuchen dadurch dem → **Rational Overchoice** zu entgehen. Auch ein Mittel gegen → **Internet-Sucht**.

Datenhandschuh

Verkabelter Handschuh, der die Bewegungen des Benutzers an den Computer überträgt und so die Navigation in der → **Virtual Reality** ermöglichen soll. Häufig wird er mit einer → **Datenbrille** kombiniert.

Daytrading

Aktienspekulation, die versucht, die kurzfristigen Kursschwankungen innerhalb eines Tages zu nutzen. Seit über das Internet Kurse in Echtzeit verfügbar sind, werden auch immer mehr Privatanleger vom Daytrading-Fieber gepackt – mit zum Teil verheerenden Folgen, denn diese Geschäfte sind hochriskant. In den USA bewegen Daytrader zwar mittlerweile schon ein Viertel des Börsenvolumens, viele von ihnen müssen aber nach kurzer Zeit aufgrund hoher Verluste das Geschäft aufgeben.

DCC

→ **Digital Content Creation**

D- Commerce

→ **Dynamic Commerce**

DDoS

→ **Distributed Denial of Service**

Dead Cat Bounce

„Hüpfer der toten Katze" nennen es US-Börsianer, wenn der Markt sich nach einer langen Phase der fallenden Kurse kurzfristig wieder erholt. Meistens geht es nach diesem Mini-Aufschwung aber weiter nach unten. Der Begriff stammt von der englischen Redewendung „Even a dead cat will bounce if it is dropped from high enough!" (= „Sogar eine tote Katze hüpft, wenn sie nur tief genug fällt!").

Dead Tree Edition

„Tote-Baum-Ausgabe" nennt man scherzhaft die Papierversion eines Online-Magazins (→ **E-zine**).

Deadcom

Sterbende → **Dotcom**, die wegen einer zu hohen → **Burn Rate** vor dem Bankrott steht.

debuggen

Einen → **Bug** entfernen, also einen Fehler in einer Software suchen und beheben.

Deep Link

Ein → **Hyperlink**, der nicht auf die Homepage eines anderen Anbieters verweist, sondern auf eine seiner untergeordneten Seiten. Urheberrechtlich wird das dann problematisch, wenn der Eindruck erweckt wird, dass der fremde Inhalt zur eigenen Website gehört.

Demotheater

Teil einer Präsentation, der über technische Probleme eines neuen Produktes hinwegtäuschen soll. Technische Tricks suggerieren, dass alles wunschgemäß funktioniert. Dadurch können Kunden auch dazu gebracht werden, auf die neue Technik zu warten und nicht schon vorher ein Konkurrenzprodukt zu kaufen.

Denial-of-Service-Attacke

Form eines Hacker-Angriffs; dabei wird der Server eines Unternehmens von verschiedenen Computern aus mit Anfragen bombardiert, bis er unter der Last der zu verarbeitenden Daten zusammenbricht.

DeNIC

→ **Deutsches Network Information Center**

Desktop Publishing (DTP)

Text- und Druckgestaltung mit einem PC. Das DTP-Programm lädt Texte ein, die mit einem normalen Textverarbeitungsprogramm geschrieben wurden. Mit speziellen Programmen lassen sich am PC erstellte Dokumente auf einer Satzmaschine für den Offset-Druck belichten. Auch Bildvorlagen können über einen Scanner digitalisiert und ebenfalls in die Dokumente übernommen werden. So lassen sich Grafikentwürfe in kürzester Zeit modifizieren.

Deutsches Network Information Center (DeNIC)

Sitz in Frankfurt am Main. Es ist Herr über alle Internet-Adressen, die mit „.de" enden. Wer eine solche Adresse benutzen will, muss sich beim DeNIC als → **Admin-C** registrieren lassen.

Digerati

Verschmelzung aus „digital" und „literati" („die Gelehrten"). Damit wird eine Gruppe von Personen bezeichnet, denen großer Einfluss auf die Computer- und Internetentwicklungen der Zukunft nachgesagt wird. Zurzeit gehören dazu neben anderen der Microsoft-Technikchef Nathan Myhrvold und der Gründer des Online-Dienstes AOL Steve Case.

Digital Content Creation (DCC)

Die professionelle Herstellung von Filmen, Grafiken oder Animationen mit dem Computer, entweder für digitale Medien oder für die Unterhaltungsindustrie.

Digital Divide

Die „digitale Spaltung" teilt die Gesellschaft in Menschen, die Ahnung von und Zugang zu Computern haben und Menschen, bei denen das nicht der Fall ist. Politiker und Wissenschaftler befürchten, dass diese Spaltung in Zukunft zu sozialen Spannungen führen wird.

Digital Powerline
Technik, die das Stromnetz zur Datenübertragung für den Internetzugang nutzt. Ein Adapter an der Steckdose filtert den Datenstrom heraus. Diese Technik befindet sich derzeit noch im Versuchsstadium.

Digital Rights Management (DRM)
Programm, das die unkontrollierte Weiterverbreitung von urheberrechtlich geschützten Dateien (Musiktitel) verhindern soll. Noch hat allerdings kein Hersteller ein System gefunden, das sich auf breiter Front hätte durchsetzen können.

digitale Diät
Euphemistische Beschreibung von Fotografen, die durch digitale Bildbearbeitung Menschen jünger und dünner aussehen lassen.

digitale Signatur
Sie soll bei Geschäften im Internet die Unterschrift ersetzen. Es handelt sich also um Daten, die eindeutig einem Benutzer zugeordnet sind: Das kann z. B. ein Code sein, der auf einer Chipkarte gespeichert ist, oder der Fingerabdruck, der von einem Lesegerät auf der Maus eingescannt und übertragen wird.

digitaler Lebenslauf
Lebenslauf für Bewerbungen im Internet. Im Gegensatz zu herkömmlichen Lebensläufen auf Papier kann er z. B. auch Videoclips enthalten oder auf Websites verweisen, auf denen mehr Informationen über den Bewerber zu finden sind.

DIKU
(Chat-/E-Mail-Kürzel) „Do I know you?" = „Kenne ich dich?"

Disc Spamming
Den Markt mit kostenlosen Software-CD-ROMs überfluten, in der Hoffnung, das möglichst viele Benutzer das Programm installieren oder sich beim entsprechenden → **Internet Service Provider** anmelden. Wird auch benutzt, um einen Netzwerkeffekt zu erzeugen. → **Spam**

Disintermediation
Das Umgehen eines Zwischenhändlers bei einem Geschäft, nachdem das Internet den direkten Kontakt zwischen Produzenten und Kunden vereinfacht hat (→ **B2C**). So leiden z. B. Reisebüros unter Disintermediation, da immer mehr Kunden ihre Flugtickets gleich bei der entsprechenden Fluggesellschaft kaufen.

Disruptive Technology
Etwa „abbrechende Technologie"; eine Bezeichnung, die Clayton Christensen von der Harvard Business School für eine Technologie verwendet hat, die bis dahin vorherrschende Geschäftsmodelle überholt.

Distance Learning

„Lernen auf Distanz" bezeichnet die Aus- oder Weiterbildung, bei der der Lernende nicht (oder zumindest nicht ständig) an der Ausbildungsstätte anwesend ist. Früher gab es dafür nur das „Telekolleg", eine Bildungssendung im Fernsehen. Heute stehen verschiedene Medien wie CD-ROM oder Internet zur Verfügung. → **Courseware**, → **E-Ducation**, → **Virtuelle Universität**

Distributed Denial of Service (DDoS)

Ein Hacker-Angriff (→ **Denial-of-Service-Attacke**), bei dem ein Server von mehreren verteilten (englisch „distributed") Rechnern aus angegriffen wird. Dazu verschaffen sich die → **Hacker** Zugang zu diesen Computern und lassen den Server von dort aus so lange mit Anfragen bombardieren, bis er unter der Datenmenge zusammenbricht. Schlecht geschützte Rechnersysteme können auf diese Weise nicht nur für ein Unternehmen selbst zur Gefahr werden, sondern auch anderen Firmen schaden.

DNS

→ **Domain Name Server**

Dog

Produkt mit einem geringen Marktanteil in einem langsam wachsenden Markt. Oft kosten diese Produkte mehr Zeit, als sie je erwirtschaften können. Ein Unternehmen sollte sich deswegen möglichst frühzeitig von einem Dog trennen, denn er wird nie ein → **Questionmark**, ein → **Star** oder sogar eine → **Cash Cow**.

Dog-food

„Hundefutter"; Software-Entwickler bezeichnen damit ein Programm, das sie selbst aus Verbrauchersicht testen. In Anlehnung an den Spruch: „Let's eat our own dog-food."

Dogs of the Dow

Investmentstrategie, die darauf setzt, die zehn Aktien des Dow Jones-Index mit der höchsten Dividendenredite am Jahresanfang zu kaufen. Jedes Jahr wird das Aktiendepot dann den aktuellen Dividenden-Zahlen angepasst.

Dokument-Management

Die Verwaltung von Dokumenten per Computer – elektronisch oder auf Papier. Nötig sind dazu eine Datenbank mit Suchfunktion, ein Scanner und ein Programm, das eingescannte Schriftzeichen erkennt, damit sie elektronisch weiterverarbeitet werden können.

Domain

Gemeint ist in der Regel die so genannte „Second Level Domain". Das ist der Bestandteil einer Internet-Adresse, der sie von anderen einwandfrei unterscheidet. Bei „www.changes.de" also das „changes". Die Domain muss in Deutschland beim → **DeNIC** registriert werden. Den letzten Bestandteil der Adresse bezeichnet man als → **Top Level Domain**.

Domain Name Server (DNS)

Computer, ohne die das Surfen im Netz wesentlich komplizierter wäre: Sie wandeln nämlich einen Domain-Namen wie „www.changes.de" in die dazu gehörende → **IP-Adresse** um. Wenn es keine Domain Name Server (DNS) gäbe, müssten die Internetsurfer sich also immer ellenlange Zahlen merken, um eine Website zu erreichen. → **BIND**, → **DeNIC**

Domaingrabbing

Das Sichern von Domain-Namen ohne die Absicht, sie tatsächlich zu nutzen. Der Domain-Grabber hofft vielmehr, seine Ware teuer verkaufen zu können. In Einzelfällen gab es dabei spektakuläre Erfolge, z. B. bei der Veräußerung von „business.com" für mehrere Millionen Dollar. Vorsicht geboten ist allerdings bei geschützten Markennamen und ihren Abwandlungen. Hier sahen Gerichte schon mehrfach den Tatbestand der Erpressung erfüllt und verhängten entsprechende Strafen. Analog zum Markenrecht gilt, dass sich zwar jeder prinzipiell jeden Markennamen schützen lassen darf. Allerdings muss erkennbar sein, dass er auch vorhat, diesen Namen zu benutzen.

Doomsdate

In Anlehnung an „Doomsday" („Der Tag des Jüngsten Gerichts") gebildeter Begriff, der bei vielen Unternehmen ähnlich gefürchtet wird. Er bezeichnet ein Datum, an dem Computer aufgrund des ungewöhnlichen Formats Schwierigkeiten bekommen. Das bekannteste Doomsdate war bisher der Jahreswechsel von 1999 auf 2000. Glücklicherweise hatte die Computerindustrie frühzeitig umgerüstet, sodass das erwartete Chaos ausblieb. → **Y2K**

Doorwaypage

Internet-Seite, die darauf ausgerichtet ist, bei einem bestimmten Thema Treffer von Suchmaschinen zu erzeugen und in den Suchergebnissen möglichst weit oben zu stehen. Dazu reicht es nicht, einfach die Schlüsselbegriffe in den Kopf (→ **Head**) der HTML-Seite zu schreiben, da die Suchmaschinen mittlerweile auch den Inhalt der Seite berücksichtigen. → **Spoofing**

Dot Bomb

Klingt explosiv, ist aber meist eher harmlos und Mitleid erregend: ein → **Dotcom** nach der Pleite.

Dot Snot

Bezeichnet einen äußerst unangenehmen Zeitgenossen. Gemeint ist ein Jungunternehmer, der ein arrogantes und wichtigtuerisches Gehabe an den Tag legt, weil er mit einem → **Dotcom** reich geworden ist (kommt von „snotty", umgangssprachlich für „rotzfrech").

Dotcom

Kommt von der Endung „.com", mit der Internetadressen von (US-amerikanischen) kommerziellen Anbietern enden. Gemeint sind neu gegründete Firmen (→ **Start-ups**), deren Geschäftsfelder vor allem im Internet liegen. Zu Beginn der Interneteuphorie galten die Gründer von Dotcoms als sichere Millionäre. Manche Firmen hängten sich sogar ein „.com" an den Namen und konnten so ihren Aktienkurs steigern. → **Dot Bomb**, → **Nocom**.

Dot-Commercial

Bezieht sich auf die → **Dotcoms** und auf „commercial", das englische Wort für „Werbespot". Ein Dot-Commercial ist Werbung, die Fernsehspots und Internetmarketing verbinden soll. Es genügt nicht mehr, einfach die Internet-Adresse einzublenden. Zusätzlich werden dem Kunden verschiedene Serviceleistungen angeboten: Er kann sich alternative Schlussszenen für den Spot ansehen, eine Gratis-CD bestellen etc.

Dot-conomy

Verschmelzung von → „**Dotcom**" und „economy" („Wirtschaft"). Dieser Kunstbegriff bezeichnet die Start-up-Szene, (→ **Start-up**) fasst also die große Anzahl der Firmen zusammen, die mit dem Internet oder im Internet Geschäfte machen (wollen).

Dotgone

Spöttische Bezeichnung für eine → **Dotcom**, die nicht mehr existiert. Der Name leitet sich von dem berühmten Roman „Gone with the wind" = „Vom Winde verweht" ab. Schließlich wurde das Unternehmen „vom rauhen Wind des Marktes verweht". → **Deadcom**

Down Round

Wenn ein Start-up-Unternehmen (→ **Start-up**) eine „niedrigere Runde" dreht, laufen die Geschäfte nicht besonders gut. Die Kapitalgeber sehen den Wert des Unternehmens dann nämlich als geringer an als bei der ersten und halten sich mit Finanzspritzen entsprechend zurück → **Finanzierungsrunde**. → **Flat Round**

downgraden

Die Herabstufung von Aktien durch → **Analysten** (z. B. von „Kaufen!" auf „Halten!"). Auch Unternehmen und Länder können durch Rating-Agenturen, die die Kreditwürdigkeit prüfen (z. B. im Hinblick auf Anleihen), herabgestuft werden.

Dritte Generation (3G)

Bezeichnung für die nächste Stufe der Mobilfunktechnik. →**UMTS**

Drive-by Deal

Ausdruck für ein Geschäft, bei dem ein → **Venture Capitalist** in ein → **Start-up** investiert und an einem schnellen → **Exit** interessiert ist. Er kümmert sich kaum um das Management oder das Produkt des Unternehmens, sondern versucht nur, es so schnell wie möglich an die Börse zu bringen und damit Geld zu verdienen. → **auscashen**

Drive-by VC

→ **Drive-by Deal**

DRM

→ **Digital Rights Management**

DTP

→ **Desktop Publishing**

Due Diligence

„Gebührende Sorgfalt"; damit wird die genaue Prüfung und Bewertung eines Unternehmens bei Übernahmen, Fusionen oder vor Börsengängen bezeichnet. Die Untersuchung ist sehr detailliert und auf rechtliche, wirtschaftliche und organisatorische Merkmale ausgerichtet, aber auch auf die Unternehmenspsychologie oder -kultur. Für das Image einer Firma kann es verheerend sein, wenn sie nach der Due Diligence nicht aufgekauft oder der Börsengang abgesagt wird.

DVB-RCC

Digital Video Broadcasting-Return Channel for Cable; europäischer Standard für den Internetzugang per Fernsehkabel. Dabei geht auch der so genannte Rückkanal über das Fernsehkabel und nicht über die Telefonleitung.

Dwell Time

„Verweildauer"; bezeichnet die Länge der Zeit, die ein User auf einer bestimmten Website verbringt.

Dynamic Commerce

Geschäftsmodell, bei dem Waren oder Dienstleistungen zu einem Preis verkauft werden, der dynamisch ist, also jedes Mal neu ausgehandelt wird. In der Regel geschieht das in einer → **Auktion**. Unvermeidbar ist in diesem Zusammenhang natürlich die Kurzform „D-Commerce".

E2E

→ **Exchange-to-Exchange**

Early Adopter

Zielgruppe, die einen neuen Trend mit als erste aufgreift und dadurch für seine Verbreitung sorgt. (→ **Produktzyklus**)

Early Majority

Marketingbezeichnung für die „Mitläufer", die einem Produkt zum Durchbruch verhelfen, nachdem Trendsetter es bekannt gemacht haben.

Early Stage Investment

Finanzierung eines Unternehmens in der frühen Entwicklungsphase. Sie beginnt mit der Unterstützung der Geschäftsidee (→ **Seed Capital**) und geht bis zum Start der Produktion und der Vermarktung, dem Start-up-Investment. → **Start-up**

Easter Egg

„Osterei"; Überraschung, die ein Programmierer oder ein Webdesigner in einer Software oder einer Website versteckt hat. Das kann z. B. ein Text, ein Geräusch oder ein Bild sein, das erscheint, wenn man die Maus über eine bestimmte Stelle bewegt. → **Chip Art**

E-Card

Elektronische Gruß- oder Glückwunschkarte. Sie ist meist aufwändig gestaltet, mit Grafiken oder → **Animated GIFs**. Verschickt wird nicht die Karte selbst, sondern eine E-Mail, auf der ein Link auf die Homepage eines E-Card-Services verweist. Dort ist die Karte eine bestimmte Zeit lang gespeichert. Der Dienst wird meist durch Werbung finanziert.

E-Cash

Oberbegriff für den Zahlungsverkehr im → **E-Commerce**. Bisher wird meistens die Kreditkartennummer eingesetzt, aber es wird weltweit bereits an Verfahren getüftelt, bei denen keine sensiblen Daten mehr über das Internet übertragen werden müssen.

Echelon

Abhörsystem, das von den USA, Großbritannien, Kanada und Australien betrieben wird. Früher auf den Funkverkehr des Ostblocks ausgerichtet, werden heute vor allem Telefongespräche, Faxe und E-Mails kontrolliert. Schlagzeilen macht Echelon wegen Verdachts der Wirtschaftsspionage, den die Betreiber bestreiten. → **Carnivore**

ECML

→ **Electronic Commerce Modeling Language**

ECN

→ **Electronic Communications Networks**

E- Commerce

Elektronischer Handel. Überbegriff für geschäftliche Transaktionen im Internet.

E-cruitment

Verschmelzung von „electronic" und „recruitment", also die Suche im Internet nach neuen Mitarbeitern oder umgekehrt nach einem neuen Job. Zum E-cruitment gehört auch das Versenden von → **digitalen Lebensläufen**. Manche Firmen nutzen das Internet mittlerweile sogar für elektronische Assessment Center, in denen sie die Kandidaten auf ihre Eignung prüfen.

E- Day

Abgeleitet vom D-Day, dem Tag der Landung alliierter Truppen in der Normandie im Zweiten Weltkrieg. Journalisten bezeichneten mit E-Day den 10. Januar 2000, an dem die Übernahme des Mediengiganten Time Warner durch den Online-Dienst AOL bekannt gegeben wurde. Es war das erste Mal, dass ein erst sechs Jahre altes Internet-Unternehmen einen Konzern der Old Economy kaufte. → **Content**

E- Distribution

Elektronischer Vertrieb von Produkten, die ausschließlich aus Daten bestehen, wie Software oder digitale Musik- oder Filmdateien. Auch E-Fulfillment genannt. → **Fulfillment**

E- Ducation

Genau das gleich wie „education", nämlich Ausbildung, nur dass diese via Computer und Internet stattfindet. → **Courseware**, → **Distance Learning**, → **Virtuelle Universität**

E- Europe

Dies ist der Name für eine Aktion der Europäischen Union. Ziel ist es, auch den Menschen in wirtschaftlich und technisch weniger entwickelten Regionen Zugang zum Internet zu verschaffen.

E- Form

→ **elektronisches Formular**

Egosurfen

Das egozentrische Verhalten von Usern, die im Internet nach dem eigenen Namen oder Einträgen über die eigene Person suchen.

E- Government

Das Abwickeln von Verwaltungsaufgaben über das Internet. Es soll die Behörden modernisieren und das Ende der Papierbürokratie bedeuten – aber das papierlose Büro ist bis heute auch nur ein leeres Versprechen geblieben.

Egress

Stammt von dem lateinischen Wort für „Ausgang". Daten können an einem Egress-Punkt aus einem Netzwerk hinaus gelangen und in ein anderes wechseln.

E- Lancer

Wortspiel mit „Freelancer", dem freien Mitarbeiter. E-Lancer sind meistens hoch spezialisierte Computerexperten, die ihre Dienste weltweit anbieten, oft ohne dabei ihre Wohnung zu verlassen. Unternehmen beschäftigen E-Lancer häufig als Teil einer → **virtuellen Arbeitsgruppe**, die weltweit verteilt an unterschiedlichen Orten sitzt.

Electronic Commerce Modelling Language (ECML)

Technischer Standard, der den → **E-Commerce** erleichtern soll. Er legt die Bezeichnungen für die Felder eines Eingabeformulars fest und macht es durch eine Zusatz-Software möglich, sie automatisch mit Daten wie Name, Lieferadresse etc. zu füllen. → **Wallet**

Electronic Communications Networks (ECN)

Alternative Computerbörsen, über die Daytrader (→ **Daytrading**) Aktien des → **Nasdaq** handeln können.

Electronic Publishing

„Elektronisches Publizieren"; das Veröffentlichen von digitalen Dokumenten auf Datenträgern (Disketten, CD-ROMs) oder im Internet. Viele wissenschaftliche Arbeiten werden heutzutage nur noch elektronisch publiziert.

elektrischer Dosenöffner

Das Thema „elektrischer Dosenöffner" wird immer dann angeschnitten, wenn jemand feststellen möchte, dass einige alte, unkomplizierte Werkzeuge ihren Zweck besser erfüllen als manches Hightech-Produkt.

elektronische Geldbörse

Überbegriff für Zahlungssysteme, bei denen die notwendigen Informationen für das Bezahlen elektronisch gespeichert sind. Da viele Kunden Angst haben, beim → **E-Commerce** ihre Kreditkartennummer anzugeben oder sogar speichern zu lassen, versuchen verschiedene Firmen andere Zahlungssysteme zu etablieren, die einfach aber sicherer sind.

elektronische Steuererklärung (ELSTER)

Auch die Finanzämter sind im Online-Zeitalter angekommen. Steuererklärungen können seit Anfang 2001 auch per Datenfernübertragung eingereicht werden. Doch die Lohnsteuerkarte und eine Kurzform der Steuererklärung muss der Steuerzahler nach wie vor mit der Post an das Finanzamt schicken. Das soll erst dann nicht mehr nötig sein, wenn sich die → **digitale Signatur** durchgesetzt hat.

elektronische Tinte

Verfahren, um Schrift auf einem sehr dünnen, papierähnlichen Medium darzustellen. Elektronische Tinte besteht aus Kügelchen, die auf der einen Seite schwarz und auf der anderen Seite weiß sind. Wenn eine elektrische Spannung angelegt wird, richten sich die Kugeln aus und die schwarze Farbe bildet die entsprechenden Schriftzüge. → **elektronische Zeitung**

elektronische Zeitung

Zeitung, die nicht aus Papier besteht sondern aus einem millimeterdünnen Bildschirm, der mit → **elektronischer Tinte** immer wieder beschrieben werden kann. Die Artikel können aktuell aus dem Internet heruntergeladen und gespeichert werden. Bisher gibt es die elektronische Zeitung nur im Forschungslabor.

elektronisches Formular

Software, die ein Papierformular ersetzt. Sie ermöglicht es, aus vorher angelegten Menüs auszuwählen und bestimmte Eingaben gleich weiterzuverarbeiten.

Elephant

Börsenslang für „Großanleger" wie Banken, Pensionsfonds, etc. Wenn Elefanten handeln, kann das die Kurse ganz schön in Aufruhr bringen.

E-Lite

Kunstwort, das den „E"-Wahnsinn („E" für „electronic") auf die Spitze treibt. Ausgesprochen wird es wie das Wort „Elite", gemeint sind damit „die führenden Köpfe" der Digitalisierung. Vor der E-Lite kommen dann nur noch die → **Digerati**.

ELSTER

Abkürzung für → **Elektronische Steuererklärung**

E-Mail Filter

Mithilfe dieser Technik werden ankommende E-Mails auf ihren Inhalt hin überprüft und dementsprechend nach Themen sortiert und abgelegt.

E- Mentor

Eine Person, die anderen – meist jüngeren und unerfahrenen Usern – via Internet Ratschläge gibt.

Emotag

Scherzhaft imitierter HTML-Befehl (→ **HTML**), der in einem → **Chat** oder in einer E-Mail Emotionen ausdrücken soll. Die Wörter werden dann wie bei einem „HTML-Tag" in spitze Klammern gesetzt, z. B. <flame> Der Kerl ist das Dümmste, was mir jemals untergekommen ist /<flame>.

Emoticon

Kunstwort, das sich aus „emotion" („Gefühl") und „Icon" (etwa: „Abbildung") zusammensetzt. Emoticons werden vor allem im → **Chat** oder in E-Mails benutzt, um Gefühle auszudrücken. In der Regel muss man sie um 90 Grad drehen, um das Bild zu verstehen.

Empowerment

„Ermächtigung"; bezeichnet die Idee, auch einfachen Beschäftigten eines Unternehmens eigene Entscheidungsfreiheit und einen gewissen Handlungsspielraum zu geben. Sie sollen dadurch eigenverantwortlicher und unternehmerischer handeln, motivierter und effizienter arbeiten.

Encoder

Software, die Dateien in ein anderes Format bringt. So gibt es z. B. Encoder, die aus einer WAV-Datei (→ **WAV**) ein → **MP3** machen oder ein Textdokument in eine PDF-Datei (→ **PDF**) verwandeln.

Encryption

→ **Kryptographie**

Enterprise Resource Planning (ERP)

Software, mit der die Arbeitsabläufe eines Unternehmens gemanagt werden können. Sie umfasst unter anderem Planung, Produktion, Verkauf, Marketing und → **Supply Chain Management**. Die Umstellung auf ein ERP-System ist ein langwieriger und komplizierter Prozess, der auch eine umfangreiche Schulung der Mitarbeiter verlangt.

Entrepreneur

„Entrepreneur" heißt zwar nur „Unternehmer", klingt aber viel trendiger.

EOM

(Chat-/E-Mail-Kürzel) „end of message" = „Ende der Nachricht"

E-Outsourcing

Überbegriff für die Auslagerung von Computerdienstleistungen, wie z. B. → **Application Service Provider**.

E- Procurement

„Elektronische Beschaffung"; Sammelbegriff aus dem B2B-Bereich (→ **B2B**). Bezeichnet alle Möglichkeiten des Waren- oder Service-Einkaufs eines Unternehmens im Internet. Durch E-Procurement soll die Beschaffung billiger werden, weil Verwaltung eingespart und der Einkaufsprozess besser kontrolliert werden kann.

Equity Story

„Equity" bezeichnet die Interessen von Kapitalgebern eines Unternehmens, z. B. von Aktionären. Die Equity Story soll ihnen z. B. vor einem Börsengang klar machen, warum sich eine Investition lohnt und was an dem Geschäftsmodell so besonders ist.

ERP
→ **Enterprise Resource Planning**

Escorted Browsing
„Begleitetes Browsen" bezeichnet einen geführten Rundgang im Internet. Über eine spezielle Software können zwei User die gleichen Seiten ansteuern und die gleichen Informationen nutzen, zum Teil sind sie auch durch einen Sprachkanal (→ **Voice over IP**) verbunden. Das ist z. B. für Verkaufsgespräche wichtig.

E- Speed
→ **Internet-Speed**

E- Stamp
Die „elektronische Briefmarke" braucht man natürlich nicht zum Verschicken von E-Mails. Die E-Stamp ist eine Briefmarke, die der Kunde sich selbst zu Hause auf den Briefumschlag drucken kann. Bezahlt und heruntergeladen wird die Marke im Internet. In den USA ist dieses Verfahren bereits erlaubt und wird auch eingesetzt.

E- Tailer
Verschmelzung von „retailer" (Einzelhändler) und „E-Commerce". Gemeint sind Internet-Anbieter, die wie Einzelhändler Waren oder Dienstleistungen über das Netz verkaufen, z. B. Bücher, CDs oder Flugtickets.

Ethical Hacker
„Guter" → **Hacker**, der in ein System eindringt, um dessen Schwachstellen kennen zu lernen. Anschließend informiert er die Betreiber, damit sie ihr System verbessern. → **Tiger Team**

Evergreen
Website, die regelmäßig (mindestens einmal am Tag) aktualisiert wird. Weil solche Seiten meist auch von vielen Besuchern regelmäßig angesurft werden, sind sie bei Werbetreibenden beliebt. → **brown**

E-Vitation
Elektronische Einladungskarte, auf der der Gast ankreuzen kann, ob er zur Party kommt und was er eventuell mitbringt.

Exchange-to-Exchange (E2E)
Die Weiterentwicklung des → **B2B**. Es bezeichnet den Handel zwischen zwei Internet-Marktplätzen. Kaufanfragen, die eine Plattform nicht bedienen kann, werden an eine andere weitergereicht. Geld fließt hierbei durch → **Commission Sharing**.

Exit
Im Flugzeug ein Notausgang, im Wirtschaftsleben ein häufig lukrativer Ausstieg aus einer Unternehmensbeteiligung. Dabei unterscheidet man grundsätzlich vier Exitstrategien. Buy Back: Die Altgesellschafter kaufen ihre Anteile zurück. Trade Sale: Die Anteile werden an einen industriellen Investor verkauft. Secondary Purchase: Die Anteile werden an einen anderen Finanzinvestor verkauft. Going Public: Die Anteile werden an die Börse gebracht und dort an andere Investoren verkauft.

Extensible Markup Language (XML)

Ähnlich wie → **HTML** eine Sprache, die den Inhalt von Webseiten beschreiben kann. Ziel von → **XML** ist es, den Inhalt einer Seite von ihrer Gestaltung zu trennen und so die Bearbeitung zu erleichtern. Einige neuere → **Browser** verstehen XML bereits. Zurzeit wird es aber noch am häufigsten beim Datenaustausch zwischen zwei Servern eingesetzt.

Extranet

Das Extranet bringt Internet und → **Intranet** zusammen und ist z. B. für Außendienstmitarbeiter einer Firma wichtig. Sie können sich von jedem beliebigen Standort ins Internet einwählen und sich dann auf der Extranet-Seite ihres Unternehmens anmelden, um auf alle Daten des Intranets zuzugreifen. Sicherheitstechniken wie → **Firewalls** oder → **Kryptographie** sollen verhindern, dass Unbefugte die Daten dabei mitlesen können. Auch: Zusammenschluss der → **Intranets** zweier Firmen oder Anbindung von unterschiedlichen mobilen Mitarbeitern, Heimarbeitern und Franchise-Betrieben ans Intranet. Das Extranet soll die Kommunikation verbessern sowie vereinfachen und dadurch Kosten sparen helfen.

Eye Candy

„Bonbons für die Augen" sind besonders schöne oder auffällige Grafiken und Bilder. Der Begriff wird entweder für dekorative Bildelemente einer Präsentation oder einer Website benutzt oder für Bildschirmschoner, die psychedelische Muster auf den Monitor zaubern.

Eyeballs

Die „Augäpfel" stammen aus der Sprache der Werber. Sie bezeichnen die Zahl an Menschen, die eine bestimmte Werbung gesehen haben, sozusagen die Einschaltquote der Werbung. Im Zeitalter der Informationsüberflutung haben manche schon den „War for the eyeballs" ausgerufen, also den „Krieg um die Augäpfel". → **Rational Overchoice**

E-zine

Verschmelzung aus „electronic" („elektronisch") und „magazine" („Zeitschrift"); hierbei handelt es sich um eine elektronische Zeitschrift, deren Vertrieb ausschließlich über das Internet abläuft.

F2F

Keine Kurzform für ein Geschäftsmodell (wie → **B2B**), sondern ein Chat-/E-Mail-Kürzel für „face to face“, also „von Angesicht zu Angesicht“. Die Zeit, die man ausnahmsweise einmal nicht vor seinem Bildschirm, sondern in direkter Kommunikation mit anderen Menschen verbringt, nennt man „Face Time“ oder „Gesichtszeit“.

Falling Knife

Als „fallendes Messer“ bezeichnet man eine Aktie, die in der Mitte einer Abschwungphase ist. Sie kann einem antizyklischen Anleger (→ **Contrarian**) zum Verhängnis werden: Er denkt, dass der Kurs schon seinen Tiefststand erreicht hat und greift somit in das fallende Messer.

Family, Friends and Fools

„Familie, Freunde und Verrückte“ sind die erste Adresse bei der Suche nach Firmenkapital. Mit ihrer Hilfe und mit eigenem Geld können Start-up-Unternehmer (→ **Start-up**) ihre Idee so weit entwickeln, dass sie einen ausgearbeiteten → **Business Plan** vorlegen können. Dieser ist die Voraussetzung, um an → **Venture Capital** zu kommen. → **Early Stage Investment**

FAQs

→ **Frequently Asked Questions**

Fast Ethernet

Datenübertragungsstandard für lokale Netze (→ **LAN**). Es wird auch „100BaseT“ genannt, die Übertragungskapazität beträgt 100 Megabit (→ **Bit**) pro Sekunde. Fast Ethernet ist eine Weiterentwicklung des alten Ethernet-Standards, mittlerweile gibt es eine noch schnellere Version, nämlich Gigabit-Ethernet.

Feasibility Study

„Machbarkeitsstudie“, in der analysiert wird, ob ein Projekt technisch und wirtschaftlich umzusetzen ist.

Feature- Schock

Das Entsetzen eines Kunden beim ersten Benutzen eines neuen Programms, wenn er entdeckt, dass es mit zahllosen Funktionen („features“) überladen ist. → **Featuritis**

Featuritis

„Krankheit“ der Techniker, ein neues Gerät mit Funktionen (Features) zu überladen. → **Feature-Schock**

File Transfer Protocol (FTP)

Standard für die Datenübertragung im Internet, wie → **TCP**, → **IP**. Ein FTP-Programm wird z. B. benötigt, um Seiten einer Website auf den Server des Web Hosts (→ **Web Hosting**) zu spielen.

File- Server

PCs, die den Arbeitsstationen im Netzwerk Dateien und Programme zur Verfügung stellen.

Filesharing

Austausch von Dateien; besonders beliebt bei digitalisierten Musikstücken. Millionen von Internet-Benutzern machen über Tauschbörsen wie → **Napster** oder → **Gnutella** von dieser Möglichkeit Gebrauch. Ein Problem für die Musikindustrie ist, dass sich digitale Dateien billig und ohne Qualitätsverlust kopieren lassen. Weil dabei das Urheberrecht umgangen wird, versucht die Industrie Filesharing per Gericht zu verbieten.

Filtering Dictionary

„Filterwörterbuch"; Teil einer Software, die verhindern soll, dass Kinder (oder Angestellte) bestimmte Sites im Internet aufsuchen. Enthält die angeforderte Seite eines der Wörter, die im Filterwörterbuch enthalten sind, wird der Zugang verweigert.

Finanzierungsrunde

Geldgeber beobachten genau, wie sich eine Firmenidee entwickelt. Darum gibt es nach der Anschub- oder Seedfinanzierung (→ **Seed Capital**) weitere Finanzierungsrunden, vor denen jeweils überprüft wird, wie das Geschäft läuft. → **Down Round**, → **Flat Round**, → **Second Stage-Finanzierung**

Firewall

„Brandschutzmauer"; eine Sicherheitssoftware zum Schutz des eigenen Netzwerks. Sie kontrolliert sämtliche eingehenden Daten, um das Netzwerk vor Viren und → **Hackern** zu schützen.

First Mover Advantage

Man könnte den First Mover Advantage auch als „Gnade des frühen Markteintritts" bezeichnen: Ein Unternehmen ist entweder durch ein neuartiges Produkt oder durch Expansion in fremde Märkte Pionier. Dadurch kann es vor den Me-too-Anbietern (→ **Mee-too-Produkt**) einen Standard setzen und z. B. einen → **Netzwerkeffekt** erzeugen.

First Tuesday

Kontaktbörse für Jungunternehmer und Geldgeber der New Economy. Das Treffen läuft nach bestimmten Regeln ab: Zeitpunkt ist immer der erste Dienstag im Monat. Potenzielle Investoren sind mit einem roten Punkt gekennzeichnet, wer eine Geschäftsidee hat, erhält einen grünen Punkt. Gäste, wie z. B. Berater, Journalisten oder Anwälte, werden gelb markiert. Ziel ist ein möglichst ungezwungener Austausch zwischen Kapital und Ideen. Die Ursprünge des First Tuesday liegen in London, wo diese Treffen Ende 1998 begannen. Mittlerweile ist der „First Tuesday" selbst ein auf Profit ausgerichtetes Unternehmen, das in 110 Städten in 46 Ländern tätig ist.

FISH

(Chat-Kürzel) „First in, still here" = „(Ich habe) zuerst den → **Chat** betreten und (bin) immer noch hier".

Flame

Als „Flamme" werden die wütenden Protest-Mails bezeichnet, die jeden treffen, der im → **Chat** oder in einer → **Newsgroup** gegen die → **Netiquette** verstößt.

Flamebait
Beitrag in einem Internet-Forum, der als Köder (engl. „bait") heftige Reaktionen (→ **Flame**) der anderen User provozieren soll.

Flash
Mit der Software Flash lassen sich relativ einfach Animationen, Filme und Videospiele für das Internet gestalten. Also: Wenn sich auf einer Hompage etwas dreht, steckt meistens Flash dahinter.

Flat Round
Eine „flache Runde" macht kein Start-up-Unternehmen (→ **Start-up**) glücklich. Die Bewertung der Firma durch die Kapitalgeber liegt im Falle einer Flat Round bei der zweiten → **Finanzierungsrunde** noch auf dem Niveau der ersten statt darüber. → **Down Round**

Flatrate
Pauschaltarif zum Surfen im Internet ohne zeitliche Beschränkung. Der Online-Handel verspricht sich von einer Flatrate den Durchbruch, entsprechende Angebote sind in Deutschland aber noch sehr dünn gesät.

Fold
Der englische Ausdruck „above the fold" bezeichnet bei einer Zeitung den Teil der Seite, der über dem Bruch liegt, also der auch bei der gefalteten Zeitung zu sehen ist. Im Internet bedeutet dies die Platzierung einer Anzeige auf dem Teil der Website, der sofort beim Aufruf erscheint.

Forging
Der Begriff kommt von dem englischen Verb „to forge" („fälschen") und bezeichnet das Fälschen von E-Mail-Absendern. Die Versender von → **Spam** tarnen sich durch Forging, damit die zurückgemailten Beschwerdebriefe im Nichts landen.

foxen
Eine Fanclub-Seite im Internet wird „gefoxt", wenn ihr von den Copyright-Eigentümern Urheberrechtsverletzungen vorgeworfen werden. Der Begriff geht zurück auf die Film-Produktionsfirma „20th Century Fox", die 1996 Betreiber von Fanseiten zur Fernsehserie „Die Simpsons" abmahnte.

Frame
„Rahmen"; Darstellung von Internet-Seiten, bei denen das Fenster des → **Browsers** in mehrere kleine Fenster unterteilt wird. → **Para-Site**

Framed
„Framed" bedeutet die Darstellung von Internetseiten mit → **Frames**. Diese Funktion lässt sich bei manchen Websites deaktivieren, da sie erhöhte Anforderungen an den → **Browser** stellt, die ältere Browser teilweise nicht erfüllen können.

Free Pricing Model
Die Anbieter von Internetzugängen (→ **Internet Service Provider**), vor allem in den USA, zahlen am Anfang sehr wenig für ihre Anbindung an den Internet-Backbone (→ **Backbone**). Deswegen können sie viele Kunden

mit kostenlosem Internetzugang ködern und hoffen, dass die Einnahmen aus Werbebannern höher sind als die laufenden Kosten.

Freemailer

Unternehmen, die kostenlos E-Mail-Adressen anbieten. Der User hat den Vorteil, dass er seine Adresse auch bei einem Wechsel des Arbeitgebers oder → **Internet Service Providers** behalten kann.

Freeware

Software, die von ihrem Entwickler kostenlos zur Verfügung gestellt wird. Manchmal vertreiben Unternehmen ihre Software zur Markteinführung als Freeware, um einen → **Netzwerkeffekt** zu erzeugen. → **Open Source**, → **Public Domain**, → **Shareware**

Frequently Asked Questions (FAQs)

Fragen, die so häufig gestellt werden, dass die Betreiber einer Website sie schon mal vorsorglich beantwortet haben und online verfügbar machen.

Friends and Family

Im Gegensatz zu → **Family, Friends and Fools** sind dies enge Mitarbeiter von Firmengründern, die bei einem Börsengang besonders bedacht werden.

Friends-and-Family-Virus

Ein Virus (→ **Computervirus**), der sich vervielfältigt, indem er sich von selbst an E-Mail-Adressen weiter verschickt, die auf dem infizierten Computer gespeichert sind. In einer anderen Version antwortet der Virus auf ankommende Mails. → **Wurm**

Fritterware

Von „to fritter“ (= „verzetteln, verschwenden“); neue Software, die so überladen mit Funktionen ist, dass der Benutzer stundenlang daran herumtüftelt. Der Produktivitätsgewinn durch das neue Computerprogramm ist deswegen nur gering. → **Featuritis**

Front End

→ **Back End**

Frontrunning

Englische Bezeichnung für ein Insidergeschäft. Insider sind die Personen, die aufgrund ihrer Stellung an der Börse oder im Unternehmen einen Informationsvorsprung haben. In Deutschland ist es gesetzlich verboten, dieses Wissen für eigene Zwecke beim Aktienhandel einzusetzen. → **Chinese Walls**

FTP

→ **File Transfer Protocol**

FUD-Factor

FUD steht für „fear, uncertainty, doubt“, also Angst, Unsicherheit und Zweifel. Diese Gefühle versuchen Marketingexperten beim Kunden auszulösen – in Hinblick auf ein Produkt, mit dem ihnen der Konkurrent zuvorgekommen ist. Durch gezieltes Fragen wie „Ist es sicher?" oder „Funktioniert es auch unter harten Belastungen?“ versuchen sie die Kaufentscheidung zu verzögern, bis die eigene Firma ihr Produkt marktreif hat.

Fulfillment

„Erfüllung", also das Ergebnis einer Bestellung, einer Anfrage, einer Gutschrift etc. Einige Firmen lagern das Fulfillment aus, ein anderes Unternehmen erledigt dann die Lieferung oder beantwortet eine Beschwerde. Es gibt auch Unternehmen, die sich auf die Auslieferung von Waren aus dem → **E-Commerce** spezialisiert haben, egal ob es sich dabei um Gegenstände handelt oder um Daten. → **E-Distribution**

Funding

Finanzierung eines Start-up-Unternehmens. → **Start-up**

Funny Money

„Komisches Geld"; so werden im → **Silicon Valley** die Aktienoptionen für Mitarbeiter genannt.

Fuzzy Logic

„Unscharfe Logik" bezeichnet eine Programmiertechnik, die nicht wie herkömmliche Computer nach der Logik des „richtig oder falsch" (ausgedrückt durch die Ziffern 1 und 0) arbeitet, sondern Abstufungen von „richtig" kennt. Dies kommt der Denkweise unseres Gehirns näher und ist ein Schritt auf dem Weg zur → **Künstlichen Intelligenz**.

FYI

Chat-/E-Mail-Kürzel für: „for your information" = „Zu Ihrer Information"

GAN

→ **Global Area Network**

Gateways

„Eingangstüren" zum Internet. Sie sind die Schnittstelle zwischen den Computern des → **Internet Service Providers** und dem → **Backbone**.

GDR

(Chat-/E-Mail-Kürzel) „I grin, duck and run" = „Ich grinse, ducke mich und renne weg"

Geek

Ursprünglich negativ-spöttische Bezeichnung für einen Computerfreak. Ein Geek ist jemand, der von einer bestimmten Technik oder Software fasziniert ist und sie perfekt beherrscht. Der Übergang zu einem menschenscheuen → **Nerd** ist fließend. → **Alpha-Geek**

Geek Gap

Kluft zwischen den Verantwortlichen in einem Unternehmen und den Technikern. Häufig versteht die Führungsetage wenig von den neuen technischen Entwicklungen, über deren Einsatz sie entscheiden muss.

Geeksploitation

Verschmelzung von → „**Geek**" und → „**Exploitation**" (= „Ausbeutung"). Gemeint ist, dass Firmen häufig junge, hochmotivierte und technikbegeisterte Mitarbeiter ausnutzen. In ihrem Enthusiasmus machen die Geeks viele unbezahlte Überstunden. → **Mausbeutung**

General Packet Radio Service (GPRS)

Ein Standard für die Datenübertragung in Mobilfunknetzen. GPRS ist eine → **paketvermittelte** Form der Übertragung; dadurch ist es wesentlich schneller als bisherige mobile Datendienste. Die Darstellung von Internet-Seiten im WAP-Format (→ **WAP**) wird dabei stark beschleunigt. Die nächste Stufe ist dann → **UNITS**.

Generation D

Das „D" steht für „digital" und die Generation in diesem Fall nicht für eine fest umrissene Altersgruppe. Gemeint sind technikbegeisterte Menschen jeden Alters, die gut mit der digitalen Revolution zurechtkommen und von ihr profitieren. → **Digital Divide**

Get-rich-click

Wortspiel, das sich von dem englischen Ausdruck „get rich quick" („schnell reich werden") ableiten lässt. Es bezeichnet Leute, die – meist durch online-Aktien-Handel – mit einem Klick reich werden wollen – entweder mit dem Online-Aktienhandel oder durch die Gründung eines Internet-Start-ups (→ **Start-up**).

GIF

→ **Graphics Interchange Format**

Gigabyte

Maßeinheit für die Größe eines Speichers. Ein Gigabyte sind 1.024 Megabyte. → **Byte**

Glamour Stocks

So werden hochspekulative Aktien bezeichnet. Sie sind das Gegenteil von → **Blue Chips** und bieten außer Glamour ziemlich viel Gefahr.

Gläserner Kunde

Nutzer des → **E-Commerce**, dessen Interessen, Gewohnheiten und Abneigungen dank Techniken wie → **Data Mining** und → **Consumer Profiling** genauestens bekannt sind. Datenschützer wehren sich deshalb vehement gegen diese Praktiken, da sie dabei die Persönlichkeitsrechte der Nutzer gefährdet sehen.

Glasfaser

Kabel, die Daten mit Lichtimpulsen rasend schnell transportieren. Aufgrund dieser Übertragungsart werden sie auch Lichtwellenleiter genannt. Mittlerweile sind sie ein Standard bei den → **Backbones**, aber auch bei besonderen Forschungsnetzen wie → **Abilene**.

Glass roots campaign

Wortspiel mit „grass roots" (bedeutet etwa: „die gesellschaftliche Basis"). Die Glass roots deuten auf die Glasfaser-Kabel (→ **Glasfaser**) des Internets hin. Gemeint ist die Aktion einer Bürgerbewegung oder einer gesellschaftlichen Interessengruppe, die vorwiegend über das Internet organisiert oder ausgeführt wird.

Global Area Network (GAN)

Als Gegensatz zum → **LAN**, das „weltweite Netzwerk".

Global Knowledge Economy

In dem Begriff drückt sich die Erwartung aus, dass sich die Welt zu einer globalen Wissensgesellschaft entwickelt, in der Informationen per Internet ausgetauscht werden und die Wirtschaft weltweit vernetzt ist. Um eine Global Knowledge Economy zu verwirklichen, wären aber große Anstrengungen nötig: Denn bisher haben 60 Prozent der Weltbevölkerung noch nie telefoniert, 40 Prozent leben sogar ohne Strom. De facto würde das bedeuten, dass zuerst die immensen sozialen Unterschiede zwischen Industrie- und Entwicklungsländern ausgeglichen werden müssten – eine Vision, die sich bisher als illusionär erwiesen hat.

Global Positioning System (GPS)

Satelliten-System zur Ortsbestimmung. Ein GPS-Gerät wird gleichzeitig von drei Satelliten angepeilt und kann dabei auf sechs Meter genau lokalisiert werden. Das ist z. B. für Navigationssysteme in Autos wichtig, aber auch für → **Location Based Services**.

Global System of Mobile Communication (GSM)

Mobilfunkstandard, mit dem digitalisierte Informationen (Handy-Gespräche, → **SMS**, Faxe) übertragen werden können.

Globalization Service

Dieser Service passt Websites den verschiedenen Sprach- und Kulturräumen an, z. B. bei großen Suchmaschinen. Ziel ist es, durch Berücksichtigung der regionalen Eigenheiten eine möglichst große Zahl von Nutzern anzusprechen.

Globally Unique Identifier (GUID)

Nummer, die die Identifikation jedes einzelnen Computers oder eines Software-Produkts ermöglicht. Häufig ist es die Nummer der Netzwerkkarte, die dann bei der Installation auch in die Software eingetragen wird. Diese Identifikationsmethode ermöglicht das Erkennen von Raubkopien.

Glokalisierung

Verschmelzung von „Globalisierung“ und „Lokalisierung“. Beschreibt das Phänomen, dass trotz (oder wegen) einer international immer stärker verflochtenen Gesellschaft (Stichwort „globales Dorf“) regionale und lokale Eigenheiten für die Menschen wichtiger werden. In der Wirtschaft steht „Glokalisierung“ im Gegensatz zu einer reinen Globalisierungsstrategie. Während Firmen wie Coca-Cola oder McDonald's weltweit das gleiche Produkt verkaufen, versuchen andere Konzerne, ihre Waren den jeweiligen Märkten so weit wie möglich anzupassen. Ein Beispiel dafür sind die Videoclip-Kanäle im Fernsehen: Als bereits von einer weltweit gleichen MTV-Generation geredet wurde, begann der Aufstieg jener Sender, die Moderation und auch Musik in der jeweiligen Landessprache lieferten. Auch der bisherige Marktführer MTV musste sich anpassen und sein Angebot „glokalisieren“.

GNU
Ein Open-Source-Projekt (→ **Open-Source**), das 1984 gegründet wurde. Hauptziel ist die Verbreitung von kostenloser Software. Einer der ersten Schritte war die Veröffentlichung eines freien Betriebssystems auf UNIX-Basis. → **Linux** knüpfte später daran an. „GNU" ist übrigens ein recursives Akronym für „GNU's Not Unix".

Gnutella
Netzwerk zum → **Filesharing** von Musikdateien. → **Napster**

go bosh
Cybersprache für „Go big or stay home"; gemeint ist damit, dass sich ein Unternehmer voll und ganz für sein → **Start-up** einsetzen muss, weil es sonst kein Erfolg wird. Der Spruch wird auch auf Websites und Programme angewendet, die möglichst schnell möglichst viele Kunden anziehen müssen, um genügend Einnahmen zu erzielen.

Going Public
→ **Exit**

Golden Parachute
Wörtlich: „goldener Fallschirm", auf Deutsch spricht man aber eher vom „goldenen Handschlag", der einem Manager, der seinen Posten freiwillig oder unfreiwillig verlässt, den Abgang mit viel Geld versüßt.

Goodwill
Immaterielle Werte einer Firma, die man nur schwer in Geld messen kann: Beziehungen zu Kunden, Behörden, Geschäftspartnern, Bekanntheitsgrad der Marke. → **Intangible Assets**

GPRS
→ **General Packet Radio Service**

GPS
→ **Global Positioning System**

Graphics Interchange Format (GIF)
Ein Dateiformat, das für die Speicherung von Grafikdateien verwendet wird. Um Bilder im GIF-Format betrachten zu können, ist ein spezielles Grafikprogramm nötig.

Gravesite
→ **Zombie**

Grey Knight
Der „graue Ritter" versucht, bei einer Firmenübernahme (→ **Akquisition**) der lachende Dritte zu sein. Er taucht als unerwünschter Mitbieter auf und wartet darauf, dass es zwischen dem ersten Kaufinteressenten und dem Unternehmen zu Problemen kommt, aus denen er einen Vorteil ziehen kann. → **White Knight**

Grill-Party
Eine Grill-Party von → **Analysten** ist keineswegs ein gemütlicher Spaß. Auf dem Grill „liegt" nämlich der Vorstand einer Aktiengesellschaft. Die Manager werden mit Fragen über Geschäftsberichte und Zukunftsaussichten gelöchert. Ihre Aussagen fließen

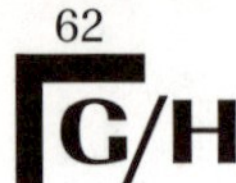

in die Bewertung der Analysten ein – im positiven wie im negativen Sinn.

GSM

→ **Global System of Mobile Communication**

Guerilla-Marketing

Diese Marketingstrategie setzt nicht auf konventionelle Werbekampagnen, sondern auf ausgefallene Aktionen. → **Virales Marketing**

GUID

→ **Globally Unique Identifier**

Guiltware

„Schuldware" ist eine Form von → **Shareware**, die bei dem Anwender ein schlechtes Gewissen erzeugen. Gleich nach der Installation findet der User den Hinweis, dass der Programmierer stundenlang und hart an der Software gearbeitet hat. Ziel ist natürlich, dass möglichst viele User sofort „freiwillig" die Shareware-Gebühr überweisen. → **Cardware**, → **Charityware**, → **Freeware**, → **Nagware**

Guru Site

Website, die Maßstäbe setzt: Die Qualität der Informationen und des Designs sind deutlich höher als bei der Masse vergleichbarer Angebote. Ihre Existenz spricht sich oft durch Mundpropaganda oder über E-Mails und → **Chats** in der Netzgemeinde herum (→ **Word of mouse**). Sie können deshalb dazu beitragen, den → **Rational Overchoice** zu reduzieren. → **Net Guru**

Hacker

Ursprünglich war Hacker ein positiv besetzter Begriff: Gemeint war jemand, der Spaß am Programmieren hatte und gerne an Lösungen für Computerprobleme tüftelte. Der Umschwung setzte ein, als sich immer mehr Hacker um fremde Computerprobleme kümmerten, in andere Datennetze eindrangen und dort Daten manipulierten oder zerstörten. Eigentlich sind sie dann aber keine Hacker mehr, sondern → **Cracker**.

Handschriften-Erkennung

Eine Software, die dem Computer beibringen soll, Eingaben in der individuellen Handschrift des Benutzers zu verstehen. Der erste Versuch auf dem Massenmarkt war der → **PDA** „Newton" der Firma Apple. Seine Produktion wurde eingestellt, weil die Handschriftenerkennung ungenau und langsam war. Neuere Ansätze (wie z. B. beim → **Palmtop**) gehen davon aus, dass der Benutzer eine Standardschrift lernen muss.

Hanlons Gesetz

Von Computerprogrammierern häufig benutztes Sprichwort: „Schiebe nie etwas auf böswillige Absicht, was ausreichend durch Dummheit erklärt werden kann." Wird auf Englisch „Hanlon's Razor" genannt, in Anlehnung an „Occam's Razor" (das Ökonomieprinzip: „Sich auf das Wesentliche beschränken!").

HBCI

→ **Home Banking Computer Interface**

HDTV

→ **High Definition Television**

Header

„Kopfteil"; als Header bezeichnet man bei E-Mails und Postings die Angaben zur Quell- und Zieladresse sowie Informationen zur Fehlerkontrolle und zum Verlauf des Übertragungsvorgangs. → **Body**

Head-up Display

→ **Datenbrille**

High Definition Television (HDTV)

Hochauflösendes Fernsehen, das deutlich schärfere und größere Bilder möglich macht als bisherige Fernsehnormen, wie das in Deutschland verwendete PAL. Bei HDTV werden die Bilddaten vor der Übertragung komprimiert und dann im Gerät wieder dekomprimiert.

High Speed Circuit Switched Data (HSCSD)

Technik für die Datenübertragung im GSM-Mobilfunknetz (→ **GSM**). Dabei werden durch das Bündeln von mehreren Kanälen → **Bandbreiten** erzeugt, wie bei einem ISDN-Telefon (→ **ISDN**). Die Technik ist wichtig, um den mobilen Internetzugang mit → **GPRS** zu ermöglichen.

Hit

„Treffer"; jede Übertragung von einem Server im → **World Wide Web** an einen → **Browser** wird als Hit gezählt.

Hoax

„Streich"; Warnung vor einem nicht existierenden → **Computervirus**, häufig in Form einer Ketten-Mail verbreitet, in der vor bestimmten Programmen, Dateien, ja selbst vor E-Mails gewarnt wird. Viren verstecken sich aber höchstens im → **Attachment** einer Mail. Der Hoax sollte deshalb nicht an alle Bekannten weitergeschickt, sondern schnellstens gelöscht werden.

Home Banking Computer Interface (HBCI)

Ein Standard für das → **Online Banking**. Er soll garantieren, dass die Geschäfte auf einer einheitlichen Grundlage ablaufen. Hinter HBCI stehen die führenden Verbände des Kreditwesens.

Homepage

Die erste Seite, die nach dem Eingeben einer Internet-Adresse erscheint. Der Begriff wird im Deutschen von vielen aber als Bezeichnung für „Website" benutzt, also für das gesamte Angebot, das sich hinter einer Internet-Adresse verbirgt.

Horizontales Portal

→ **Portal**

Host computer

Übergeordneter Computer, an den in einem Netzwerk kleinere Computer oder Terminals über Datenleitungen angeschlossen sind. Dieser Zentralrechner wird in kleineren Netzwerken auch als → **File-Server** bezeichnet.

Hosting

Als Hosting werden die Dienste eines Internet-Servers bezeichnet, wie beispielsweise die Bereitstellung von Speicherplatz für WWW-Seiten (→ **WWW**) oder E-Mails.

Hot key

Bezeichnet eine Taste oder eine Kombination gleichzeitig gedrückter Tasten, mit der ein Hintergrundprozess gestartet werden kann. Beispielsweise der Aufruf eines Druckerprogramms in einem Kalkulationsprogramm.

Hot Swap

Austausch eines Computer-Peripheriegerätes (z. B. eines Druckers) bei laufendem Betriebssystem. Ein System, das „hot swappable" ist, akzeptiert das neue Gerät, ohne dass ein Neustart nötig ist.

Hotlist

Eine Reihe von Websites, die ein Benutzer häufiger aufruft und die er deshalb in seinem → **Browser** gespeichert hat. Beim Internet Explorer von Microsoft nennt sich diese Hotlist „Favoriten", beim Netscape Navigator „ Lesezeichen".

Hotspot

„Heißer Fleck"; zahlreiche Grafiken oder Bilder auf Websites enthalten diese verborgenen Hyperlink-Punkte (→ **Links**). Nur wenn der User mit dem Cursor diese Stelle berührt, wird die Link-Funktion sichtbar und er kann den angebotenen Service nutzen.

HSCSD

→ **High Speed Circuit Switched Data**

HTML

Hypertext-Markup-Language; in dieser Sprache sind Internet-Seiten geschrieben. Die HTML-Befehle sagen dem → **Browser** z. B., an welcher Stelle er welchen Text anzeigen soll und wo er eine bestimmte Grafik oder ein Foto findet. Wer sich dieses Kauderwelsch mal anschauen möchte, muss beim Internet-Surfen nur mal den Quelltext einer Seite aufrufen.

http

→ **Hypertext Transfer/Transmission Protocol**

https

→ **Hypertext Transfer/Transmission Protocol Secure**

Hurdle Rate

Die „Hürdenrate" wird üblicherweise vom Vorstand vorgegeben. Sie bezeichnet eine Mindestrendite, die eine Investition, ein Unternehmensbereich oder ein Projekt erreichen muss. Sollte die Hürde nicht übersprungen werden, versuchen Controller und Berater, die Leistung zu verbessern. Sollte das nicht gelingen, droht der Verkauf oder die Einstellung der Produktion. Prestige-Projekte dürfen manchmal auch einfach unter der Hürde durchschlüpfen: Wenn solche Investitionen besonders imageträchtig sind, akzeptieren manche Unternehmen auch ein Minusgeschäft.

2

→ **Internet 2**

BS

Internet Business Solutions

##

at-/E-Mail-Kürzel) „I see“ = „ich stehe“

NN

ternet Corporation for Assign- ames and Numbers

##

man die Abkürzung englisch richt ergibt sich „I seek you“. einer beliebten, in Israel ent- ten Software für → **Instant ging**.

rus

der auf den amerikanischen ng-Experten Seth Godin zu- . Er bezeichnet damit die Ge- lee eines Unternehmens, die ein Virus im Internet verbrei- → **Virales Marketing**, → **Marketing**

##

n eines → **Avatars**: ein vir- star. Der Begriff geht auf ntitel des Sciencefiction- iam Gibson zurück. Bei- nen Idoru sind „Kyoko pan und „E-Cyas“ aus .

##

ngineering Task Force

IFS

→ **Information Fatigue Syndrome**

Ignoranz

Strategie gegen die Überflutung mit Daten in der Wissens- und Informationsgesellschaft (→ **Rational Overchoice**). Als Filtermechanismus gegen unwichtige Information kann Ignoranz positiv gesehen werden. Gleichzeitig kann sie aber auch Probleme verursachen, z. B. beim Wissensmanagement, weil wichtige Informationen nicht mehr als solche erkannt, gespeichert und weitergegeben werden.

IHA

(Chat-/E-Mail-Kürzel) „I hate acronyms!“ = „Ich hasse Kürzel!“

IMHO

(Chat-/E-Mail-Kürzel) „in my humble opinion“ = „meiner unmaßgeblichen Meinung nach“

immersive Anwendungen

Möglichkeit für einen Benutzer, die künstliche Umgebung einer → **Virtual Reality** wirklich zu spüren. Dazu ist aber ein → **Datenanzug** nötig, den es bisher nur im Labor gibt.

i-Mode

Mobiler Internetzugang der japanischen Telekommunikationsfirma NTT Docomo. Es beruht auf dem GSM-Standard (→ **GSM**), ist aber schneller als die WAP-Dienste (→ **WAP**) in Europa, weil er → **paketvermittelt** ist. Besonders bei den technikverliebten japanischen Jugend-

Hurry Sickness

„Krankheit der Eile"; keine echte Krankheit, sondern die Bezeichnung für die durch → **Internet-Speed** hervorgerufene Beschleunigung aller Handlungen. Ein Symptom ist z. B. das → **Multitasking**. Dem Betroffenen fällt seine eigene Hurry Sickness meist gar nicht auf, weil es alle um ihn herum ebenso eilig haben. Kann sich zu einem der Depression ähnlichem Erschöpfungszustand, dem → **Burnout** steigern.

Hypergrowth

Extremes, explosionsartiges Wachstum einer Branche oder eines Unternehmens.

Hyperlink

→ **Links**

Hypermedia

Mit → **Links** strukturiertes Dokument, das nicht nur Querverweise auf anderen Text enthält, sondern auch auf Multimedia-Dateien, also Filme, Töne und Fotos.

Hypertext

Information, die sich mit → **Links** lesen lässt. Dabei ist ein Text nicht linear angeordnet, sondern beste
kleinen, vernetzten Einheite
ser kann also per Mausklic
den verschiedenen Teilinfo
hin und her springen oder
stimmten Schlagwörtern
informationen abrufen.

**Hypertext Transmis
Protocol (http)**

Damit wird der üblich
gungsstandard des →
Transfer/Web im Int
Dieses Protokoll (→
col) erlaubt es, pro
Grafik- und Tondat
schicken. Aufgrun
breitung von http
in der Adresse m
→ **Browsern** nic
werden.

**Hypertext/T
Protocol Se**

Eine sichere
bei Internetv
→ **Secure S**
wird. Außer
„https" in
man diese
einem kle
der → **Br**

lichen konnte sich i-Mode schnell durchsetzen.

Info-Junkie

Scherzhafte Bezeichnung für eine Person, die abhängig von neuen Informationen zu sein scheint. Ein Info-Junkie ruft ständig die Mailbox seines Handys an oder fragt alle halbe Stunde seine E-Mails ab. Das kann zu → **Techno-Stress** oder → **Internet-Sucht** führen, denn durch die Verfügbarkeit von Informationen ist ein Überangebot entstanden, das von niemandem mehr kontrolliert werden kann.

Infomediar

Mischwort aus „Information" und „Intermediar" (Vermittler). Es kennzeichnet eine Art Online-Mittelsmann zwischen Verkäufer und Kunden, der Kundendaten sammelt (→ **Data Mining**) und gleichzeitig versucht, für diese Kunden günstige Konditionen bei Geschäften zu erhalten. Sowohl bei B2C- als auch bei B2B-Geschäften (→ **B2C**, → **B2B**) schalten sich Infomediare ein.

Infonesia

Zusammensetzung aus „Information" und „amnesia" (= „Gedächtnisverlust"). Der Begriff bezeichnet das Problem, nicht zu wissen, wann und wo man eine bestimmte Information gesehen/aufgenommen/erhalten hat. → **Internesia**, → **Rational Overchoice**

Information Architect

Er kümmert sich um die Präsentation der Informationen auf einer Website. Die Schwierigkeit dabei ist, den Ausgleich zu finden zwischen den Interessen der Benutzer, der Sponsoren und der Grafiker, die die Seite gestalten.

Information Fatigue Syndrome (IFS)

Stress-Syndrom, das durch Informationsüberflutung ausgelöst wird. Ergebnis von → **Rational Overchoice**. → **Burnout**, → **Hurry Sickness**

Information Food Chain

Die „Nahrungskette der Information" bezeichnet die Entwicklung von Rohdaten (→ **Bits**) über bearbeitete Daten (Information) hin zu aufgenommenen Daten (Wissen).

Information Warfare

Kriegsführung, die darauf zielt, die Informationsnetze des Gegners auszuschalten. Das Internet, dessen Ursprünge in einem militärischen Netz liegen, ist darauf ausgerichtet, einem solchen Angriff zu widerstehen. Selbst wenn ein Teil des Netzes ausfällt, können die Informationen weiter transportiert werden. → **Cyberwar**

Infostruktur

Verschmelzung von „Information" und „Infrastruktur". Gemeint ist die gesamte Hardware und Software, die zusammen ein Computersystem oder Netzwerk bilden.

Infosurfen

Bezeichnet das Durchkämmen des → **World Wide Webs** nach möglichst viel Information in möglichst kurzer Zeit. Weil häufig die Bilder und Grafiken auf einer Internet-Seite wenig zum Informationsgehalt beitragen, schalten Infosurfer die Grafiken aus und können die Seiten deswegen schneller laden.

Infotisement

Zusammensetzung aus „information" und „advertisement" (Anzeige, Annonce). Gemeint sind Texte, meist in E-Mail-Newslettern, die wie ein redaktionelles Angebot wirken, aber Werbung für eine Firma oder ihr Produkt machen.

Initial Public Offering (IPO)

Die Neuemission von Aktien eines Unternehmens. Dabei setzen die Banken, die den Börsengang begleiten, den Herausgabekurs fest. Interessenten können Aktien vor dem Börsengang bestellen und erhalten sie dann zugeteilt – bei zu großem Interesse manchmal deutlich weniger, als sie bestellt haben. Viele → **Start-ups** arbeiten sehr schnell auf das IPO hin. → **Exit**

Inkubator

Eigentlich stammt der Begriff aus der Medizin und bezeichnet einen Brutkasten. In der New Economy sind Inkubatoren aber Büroräume, in denen Start-up-Unternehmen → (**Start-up**) in Rekordzeit aufgebaut werden sollen. Sie erhalten dort nicht nur Infrastruktur wie Computer und Telefon, sondern auch geschäftliche Unterstützung in Form von Beratung und natürlich Kapital. Während Inkubatoren früher vor allem an US-Universitäten angegliedert waren, werden die erfolgreichsten mittlerweile von Venture-Capital-Gesellschaften (→ **Venture Capital**) betrieben. Sehr früh, bereits in den 60ern, wurde das Inkubator-Modell vom israelischen Staat zur Wirtschaftsförderung angewandt. Da Israel so gut wie keine natürlichen Rohstoffe besitzt, setzte die Regierung mithilfe der Inkubatoren auf die Entwicklung von High-Tech-Firmen. Hier zu Lande gehen Inkubatoren zumeist auf die Initiative von Privatinvestoren zurück.

Innernet

So bezeichnet man ein tragbares Computersystem (→ **Wearable Computer**), das wichtige Körperfunktionen des Benutzers überwacht. → **Affective Computing**

Innovators

Bezeichnung für eine sehr kleine, aber sehr risikofreudige und meist reiche Gruppe von Konsumenten, die ein neues Produkt zuerst ausprobiert. → **Produktzyklus**

Instant Messaging

Instant-Messaging-Software erkennt, wenn ein Freund oder Kollege online ist. Man kann ihm dann Textnachrichten schicken und wie in einem → **Chat** seine Antworten empfangen. Instant Messaging funktioniert also schneller und direkter als E-Mails und kann deshalb auch von → **virtuellen Arbeitsgruppen** eingesetzt werden.

instant on

„Sofort eingeschaltet" ist die Bezeichnung für eine Funktion, an der Computerforscher schon länger tüfteln und die den Benutzern viel Freude machen dürfte: Der Computer ist nach dem Einschalten sofort betriebsbereit und muss nicht erst hochfahren (→ **booten**).

Intangible Assets

Immaterielle Werte eines Unternehmens, z. B. Patente und Markenrechte sowie die Kundenbeziehungen. Da bei den jungen Start-up-Unternehmen (→ **Start-up**) häufig noch keine materiellen Werte verfügbar sind, kommt es bei der Bewertung der Firmen sehr stark auf die „Intangibles" an.

Integrated Learning

Ansatz für problemorientiertes Lernen: Dabei geht es nicht um abstrakte Modelle, sondern darum, Lösungen für ein konkretes Problem zu erarbeiten und dabei alle Rahmenbedingungen einzubeziehen. Lernziel ist es, komplexe Zusammenhänge leichter zu erfassen, auch wenn sie durch wechselnde äußere Einflüsse verändert werden.

Intellectual Property Rights Expert Group (IPEG)

Experten-Gruppe der → **WIPO**, die sich um den Schutz der Urheberrechte im Internet kümmert. Die IPEG sucht z. B. nach Lösungen, um Streit über → **Domaingrabbing** zu verhindern.

Intelligent Agent

Software-Entwickler arbeiten an Programmen, die zu den Suchmaschinen der Zukunft werden sollen und die Informationsflut (→ **Rational Overchoice**) beherrschen. Einmal mit dem Interessenprofil des Anbieters gefüttert, durchstöbert der digitale Helfer selbstständig das Netz und filtert die besten Antworten heraus.

intelligente Brille

Weiterentwicklung einer → **Datenbrille**, die mit einer Kamera ausgerüstet ist und in die Bilder eingespiegelt werden können. Über einen angeschlossenen Rechner werden die von der Kamera erfassten Objekte erkannt und dem Benutzer erklärt. Ein solches Gerät könnte z. B. für die Reparatur von Maschinen eingesetzt werden. → **Augmented Reality**

Interaktives Marketing

Die breite Palette von Marketingaktivitäten, die auf eine Interaktion mit dem Kunden setzen: Spiele, Preisausschreiben, Rabattmarken etc. Auch: Computerprogramme, die z. B. beim Online-Einkauf Kundenwünsche oder -bedürfnisse abfragen, und mit gezielten Angeboten darauf reagieren. → **Targeting**

Intercast

Technik, mit der Internetseiten per Fernsehsender übertragen werden können. Das funktioniert ähnlich wie der Videotext: Die Seiten werden parallel zum Fernsehbild gesendet. Allerdings sind dazu noch eine spe-

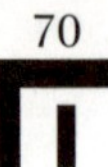

zielle Software und eine besondere TV-Tuner-Karte nötig.

International Roaming

Diese Technik macht es möglich, Mobiltelefone auch im Ausland zu benutzen. Das Handy schaltet dann von seinem Heimatnetz auf das Netz einer ausländischen Telefongesellschaft um.

Internesia

Spezialfall der → **Infonesia**; die Unfähigkeit, sich zu erinnern, auf welcher Website man eine bestimmte Information gesehen hat. → **Rational Overchoice**

Internet 2 (I2)

Zusammenschluss von 180 Universitäten, die ein eigenes, breitbandiges (→ **Bandbreite**) Forschungsnetz aufbauen. → **Abilene** ist ein Teil davon. Dieses Netz soll die Grundlage für das Internet der Zukunft sein.

Internet Business Solutions (IBS)

Ein Unternehmen, das kleinen und mittelgroßen Betrieben Dienstleistungen über das Internet anbietet, z. B. Buchhaltung oder Reiseorganisation und -abrechnung. Dies versetzt auch Kleinunternehmen in die Lage, kostenintensive Software für diese Bereiche einzusetzen, die noch dazu immer auf dem neuesten Stand ist, da sie vom IBS-Unternehmen ständig aktualisiert wird.

Internet by Call

Internet-Zugang, bei dem der → **Internet Service Provider** nur zeitabhängige Gebühren für die Verbindung verlangt, aber keine Grundgebühr und meist auch keine Anmeldung des Users. Wer das Internet nicht sehr oft nutzt, kann mit einem derartigen Abrechnungssystem oft billiger surfen als mit einer → **Flatrate**.

Internet Corporation for Assigned Names and Numbers (ICANN)

Dahinter verbirgt sich so etwas wie die „Webregierung“: Eine Organisation, die die → **IP-Adressen**, die Protokolle (→ **Internet Protocol**) und die → **Domain Name Server** kontrolliert. Sie entscheidet auch über die Vergabe neuer → **Top Level Domains**. Eigentlich ist ICANN eine privatwirtschaftliche Organisation, einen Teil ihrer Mitglieder durften die Internet-Benutzer aber in einer Online-Wahl bestimmen. → **NIC**

Internet Engineering Task Force (IETF)

Zusammenschluss von Software-Programmierern, die gemeinsam künftige technische Standards für das Internet erarbeiten. → **Request for Comments**

Internet Protocol (IP)

Das Internetprotokoll sorgt dafür, dass Daten im weltweiten Netz hin- und herwandern können und bei den richtigen Adressen ankommen: Nach den Regeln und technischen Spezifikationen des IP werden die Informationen in einzelne Datenpakete zerlegt und über verschiedene Wege im

Internet verschickt. Damit die Information richtig ankommt, sind noch weitere Regeln nötig, die im → **Transmission Control Protocol (TCP)** stehen.

Internet Relay Chat (IRC)

Dies ist ein Programm, mithilfe dessen User im Internet live und in Echtzeit kommunizieren können. Wer nicht über die nötige Software verfügt, kann aber auch über einen normalen → **Browser** chatten (→ **Chat**).

Internet Service Provider (ISP)

Anbieter von Internetzugängen. Oft treten Telekommunikationsfirmen als Internet Service Provider auf. Bei Online-Diensten wie AOL oder T-Online ist der Internetzugang nur Teil eines größeren Angebots. → **Backbone**

Internetese

Verschmelzung von „Internet" und „Chinese", also in etwa „Internet-Chinesisch". Dieser englische Ausdruck, der im Deutschen wohl als „Internetesisch" bezeichnet werden könnte, steht für den vorherrschenden Schreibstil im Internet. Er ist gekennzeichnet durch die Verwendung von Abkürzungen (Akronymen), Umgangssprache und Slang. Auch Cyberstyle genannt. → **Netois**

Internet-Marktplatz

Überbegriff für Handelsplattformen im Internet. Die Marktplätze wenden sich an unterschiedliche Zielgruppen (→ **B2B**, → **B2C**, → **B2G**, → **C2C**), können auf verschiedenen Geschäftsmodellen basieren (z. B. → **Auktionen**) und können weltweit tätig oder regional begrenzt sein.

Internet- Speed

Durch immer neue technische Möglichkeiten des Internets wird das Arbeitstempo immer weiter beschleunigt – bis an die Grenze: Datenpakete in Glasfasernetzen erreichen bereits die schnellstmögliche Geschwindigkeit, die Lichtgeschwindigkeit. Die Menschen können dabei nur noch durch → **Multitasking** mithalten. Allerdings warnen Psychologen schon vor → **Techno-Stress** und → **Burnout**.

Internetsucht

Psychologen streiten noch darüber, ob sie tatsächlich eine eigene Krankheit ist. Tatsache ist, dass es zahlreiche Menschen gibt, die im Umgang mit dem Internet suchtähnliches Verhalten an den Tag legen. Sie kontrollieren ständig ihren E-Mail-Eingang, hängen täglich stundenlang im → **Chat** und überprüfen permanent ihr Online-Aktiendepot. Mittlerweile gibt es auch schon Selbsthilfegruppen für Internetsüchtige.

Internet-Telefonie

Technik, die das Internet und nicht das herkömmliche Telefonnetz benutzt, um Gespräche oder Faxe zu übertragen. Fern- oder Auslandsgespräche werden dadurch wesentlich billiger. Wie bei jeder Datenübertragung im Internet, wird auch bei der Internet-Telefonie (auch „Voice over

IP“ genannt) die Information in viele Datenpakete zerhackt, die getrennt verschickt werden. Bei niedrigen Übertragungsraten oder großem Datenverkehr im Netz kann es deshalb zu Aussetzern und Verzerrungen kommen. Die Techniker arbeiten aber daran, dass die Sprachqualität besser wird.

Internetworking

Begriff, der die Zusammenarbeit und Kommunikation von Benutzern verschiedener Netzwerke bezeichnet. Meist gebrauchen ihn die Hersteller von Netzwerk-Hard- und -Software.

Internet- Zeit

Der Begriff bezeichnet die Feststellung, dass das Internet das Leben beschleunigt, weil Informationen schneller verfügbar sind. Er geht zurück auf eine Aussage des Intel-Chefs Andy Grove: „The world now runs on internet time“. → **Internet-Speed**

Internot

Mensch, der die Benutzung des Internets ablehnt. Häufig versucht ein Internot → **Rational Overchoice** zu vermeiden. → **Datenfasten**

Interoperability

Die Fähigkeit von verschiedenen Systemen oder Produkten, automatisch zusammen zu arbeiten. Dazu ist es wichtig, dass keines der beteiligten Geräte oder Programme proprietäre Standards (→ **proprietär**) verwendet, sondern offene, wie z. B. das → **Internet Protocol**.

Interstitial

Der englische Begriff bedeutet „in den Zwischenräumen“. Bezeichnung für eine Werbeseite, die ähnlich wie unterbrechende Werbung im Fernsehen funktioniert: Beim Surfen wird nicht nur ein kleiner → **Banner** eingeblendet, sondern eine bildschirmfüllende Anzeige.

Intertainment

Name einer amerikanischen E-Commerce-Initiative (→ **E-Commerce**), die durch kostenlose Zugänge die Verbreitung des Internets fördern will. Anders als in einem → **Cybercafé** muss man bei einem Intertainment-Center nicht für die Online-Zeit bezahlen. Meist handelt es sich um Terminals in Form eines Online-Kiosks (→**Kiosk**).

Intranet

Firmeneigenes Internet, das die gleichen Protokolle (→ **Internet Protocol**) wie das Internet verwendet. Es ist jedoch nicht automatisch an das Internet angebunden.

Intrapreneur

Der → **Entrepreneur** ist der Unternehmensgründer, der Intrapreneur macht das gleiche, aus einer bestehenden Firma heraus. → **Prinzip Garage**, → **Start-out**

Inventory

Gesamtzahl an Werbeflächen, die eine Website in einem bestimmten Zeitraum (meistens in einem Monat) anbieten kann.

Investor Relations

Abteilung eines Unternehmens, die sich um die Beziehung zu den Anlegern kümmert. Dazu gehört die Kommunikation mit den Aktionären, der Wirtschaftspresse und den → **Analysten**, sowie die Organisation der Hauptversammlungen und die Zusammenstellung der Quartals- oder Halbjahresberichte.

IP

→ **Internet Protocol**

IP-Adresse

Die Internet Protocol-Adresse ist so etwas wie die Telefonnummer eines Servers im Internet. Ein Domain-Name (wie www.changes.de) muss erst vom → **Domain Name Server** in die IP-Adresse (eine lange Zahlenkolonne) übersetzt werden, damit der richtige Rechner angesteuert werden kann.

IPEG

→ **Intellectual Property Rights Expert Group**

IPO

→ **Initial Public Offering**

IRC

→ **Internet Relay Chat**

ISDN

Abkürzung für „Integrated Services Digital Network", also „Digitaler Telefonstandard", der schnellere Datenübertragung im Kupferkabel ermöglicht als mit herkömmlichen Modems. In Deutschland ist ISDN auch Voraussetzung, um einen noch schnelleren ADSL-Zugang (→ **ADSL**) zu erhalten. In anderen Ländern, z. B. in den USA, hat sich die ISDN-Technik nicht sehr weit verbreiten können, dort wird sie wohl von den schnelleren DSL-Standards (wie ADSL) verdrängt.

ISP

→ **Internet Service Provider**

ITrage

Wut, die sich gegen alles richtet, was mit Informationstechnologie zu tun hat. Sie entsteht, wenn Angestellte mit Technik arbeiten sollen, die sie nicht verstehen und für die sie nicht geschult wurden. Die daraus entstehenden Frustrationen führen zu Ärger und manchmal auch zu Gewalt gegen die Geräte. → **Percussive Maintenance**

J/K
(Chat-/E-Mail-Kürzel) „just kidding" = „war nur Spaß"

JAM
(Chat-/E-Mail-Kürzel) „just a minute!" = „einen Moment, bitte!"

Java
Eine Programmiersprache, die unabhängig von spezifischen Betriebssystemen entwickelt wurde und deshalb auf vielen Systemen problemlos einsetzbar ist. Im → **WWW** ist sie in vielen unterschiedlichen Bereichen weit verbreitet.

Java Server Page (JSP)
Eine Software, die auf → **Java** basiert und die Steuerung von Internet-Seiten vom Server aus ermöglicht. Ähnlich wie bei → **CGI** werden diese Programme (→ **Servlets**) auf dem Server ausgeführt und machen Interaktion z. B. mit einer dort gespeicherten Datenbank möglich.

Java Virtual Machine (JVM)
In einen → **Browser** integrierte Software. Mit der Java Virtual Machine können → **Applets** in der Programmiersprache Java ausgeführt werden. Dabei übersetzt die Virtual Machine als Dolmetscher den Programmcode von → **Java** in eine Sprache, die der jeweilige Computer verstehen und verarbeiten kann.

Java Script
Im Gegensatz zu → **Java** ist JavaScript eine browersabhängige (→ **Browser**) Sprache, die von der Firma Netscape Communication Corporation entwickelt wurde.

Jini
Name einer zukunftsweisenden Technologie, die eine einfache Verbindung von Computern und anderen Mediengeräten mit Haushaltsgeräten wie z. B. Elektroherden möglich machen soll. Im Moment stecken die Produkte dieser Technologie aber alle noch im Versuchsstadium. Ihr Einsatz bleibt der Sciencefiction-Literatur und einschlägigen Filmen vorbehalten.

J-Kurve
Ein häufig auftretender Kurvenverlauf in der Volkswirtschaft. Nach einer negativen Entwicklung zu Beginn folgt ein lang anhaltender Aufwärtstrend – vergleichbar der Form des Buchstabens „J". Ursache dafür sind Unsicherheiten oder Lernkosten, die kurz nach einer Produkteinführung dominieren. Erst in einer zweiten Phase treten die positiven Effekte in Erscheinung.

Jobber
Klingt nach einem einfachen Arbeiter, ist aber manchmal ein rücksichtsloser Spekulant: Jobber sind Wertpapiermakler oder Börsenmitglieder, die nur im eigenen Namen Geschäfte abschließen dürfen.

Joint Photographics Experts Group (JPEG)
Im → **WWW** häufig benutzter Standard zur Komprimierung von digitalen

Standbildern. Die Komprimierung erfolgt durch die Zerlegung des Bildes in kleine Quadrate. Je höher die Komprimierrate, desto kleiner die Quadrate. Erfolgt die Komprimierung in Echtzeit, so spricht man von M-JPEG. JPEG-Dateien sind meist mit der Endung „.jpg" versehen.

Jolt

Ein amerikanischer Softdrink, der doppelt so viel Koffein enthält wie Cola. Vor allem Programmierer und Internet-Surfer trinken ihn, um sich in Zeiten von Nachtarbeit wach zu halten. Jolt wird deshalb auch als der „Treibstoff des Internets" bezeichnet.

JPEG

→ **Joint Photographic Experts Group**

JSP

→ **Java Server Page**

Jump

Der direkte „Sprung" von einer Internetseite zu einer anderen mittels → **Link**, ohne dass der User zwischenzeitlich offline geht. Gehört mittlerweile zum Standardservice der meisten Anbieter im Netz.

Junk-Mail

→ **Spam**

JVM

→ **Java Virtual Machine**

Kabelmodem

Modems, die Daten über das Fernsehkabelnetz empfangen können. Die → **Bandbreite** ist wesentlich höher als im Telefonnetz.

Kanalbündelung

Verfahren für eine schnellere Datenübertragung (z. B. bei → **ISDN** oder → **HSCSD**). Dabei werden mehrere Kanäle zusammengefasst, um einen größeren Durchsatz zu erreichen.

Karoshi

Japanisch für „Tod durch Überarbeiten". Die häufigste Form ist plötzlicher Tod durch Hirn- oder Herzschlag. Angeblich tritt diese Todesart vor allem unter den überdisziplinierten japanischen Arbeitern auf, für die noch in den 60er Jahren 3.000 Arbeitsstunden pro Jahr die Regel waren. Damals, zu Beginn des Wirtschaftsaufschwungs in Japan, wurden auch die ersten Todesfälle dieser Art registriert. Wie viele Japaner wirklich an Karoshi sterben, ist unklar: Offiziell werden pro Jahr weniger als hundert Fälle gezählt, die Dunkelziffer liegt bei 10.000. Seit einigen Jahren können Arbeitgeber, die einen Angestellten in den Karoshi getrieben haben, haftbar gemacht werden. Es stellt sich aber nach wie vor die Frage, wie diese Todesart zweifelsfrei nachgewiesen werden kann.

Katalog

Besondere Form einer Suchmaschine (z. B. Yahoo). Die Seiten darin werden nicht von → **Bots** gesammelt, sondern von einer Redaktion zusammengestellt, geordnet und laufend aktuali-

siert. Dadurch ist die Qualität der Treffer oft höher.

Keiretsu

Bezeichnung aus dem Japanischen für Firmen, die eng zusammenarbeiten. Diese Zusammenarbeit kann projektbezogen sein oder sich auf längere Zeit erstrecken. Die betroffenen Firmen müssen beim Keiretsu aber nicht finanziell verflochten sein. Besonders bei den Firmen, die im → **Silicon Valley** auch räumlich dicht beieinander liegen, hört man diesen Begriff häufig.

Kernel

„Kern"; das „Allerheiligste" eines Betriebssystems: dieser Bestandteil des Systems wird auch bei neuen Versionen oder Weiterentwicklungen meist nicht angetastet. Die Software kann nur über genau definierte Schnittstellen auf den Kernel zugreifen.

Keyword Advertising

→ **Meta Ad**

Kill file

Die so genannte „Löschdatei" sortiert unerbetene eintreffende Nachrichten unverzüglich aus und vernichtet sie. Der User legt die Auswahlkriterien (z. B. Absender oder Inhalte) für diesen Prozess selbst fest.

Killer Application

Merkmal eines Produkts, das es auf dem Markt einzigartig macht und für die Konkurrenz „tödlich" ist. → **Unique Selling Proposition**

Kilroy-Site

Eine Website, auf der nur die Botschaft „Wir sind jetzt auch im Netz" erscheint. Meistens wird sie online gestellt und dann nie wieder bearbeitet oder aktualisiert. Die Abrufzahlen sind dementsprechend gering, so dass bald eine → **Spinnwebsite** daraus wird. Der Name verweist auf die seit dem 2. Weltkrieg berühmte Graffiti-Figur, die für gewöhnlich mit dem Ausspruch „Kilroy was here" versehen ist.

Kiosk

Ein öffentlich zugänglicher Computer, meist mit einem berührungsempfindlichen Bildschirm. Er soll Touristen oder Messebesucher mit Informationen versorgen. Kioske findet man häufig an Verkehrsknotenpunkten wie Bahnhöfen oder Flughäfen. Dort informieren sie über Hotels, Restaurants oder Veranstaltungen. Manchmal können Interssierte über Kiosksysteme auch direkt Theater- oder Konzertkarten kaufen.

KISS-Prinzip

KISS steht für „Keep it simple, stupid!"(etwa: „Halte es einfach, Dummerchen!") und das Prinzip erklärt sich eigentlich von selbst: es ist die Aufforderung an Techniker und Programmierer, Geräte und Software so anwenderfreundlich wie möglich zu gestalten. → **Featuritis**

KLOC

Maßeinheit für den Umfang eines Computer-Programms; die Abkürzung bedeutet „Thousands of Lines of Code" und misst die Zeilen des → **Quellcodes** in Tausenderschritten. Das „K" steht für „Kilo" und damit für die Zahl 1000.

Kludge

Notdürftige, aber zumindest zeitweise effektive Lösung eines technischen Problems. Ein Kludge wird nötig, wenn eine bessere Lösung aus Zeitgründen gerade einmal nicht möglich ist.

Knowbie

Erfahrener und ausgefuchster Internet-Benutzer; Gegenteil von einem → **Newbie**.

Knowledge-Commerce

„Handel mit Wissen"; in der Informationsgesellschaft gilt Wissen als die wichtigste Ware von allen. Internet- oder Intranet-Plattformen für → **Knowledge-Management** sollen diejenigen, die das Know-how haben, mit denjenigen zusammenbringen, die nach der Lösung für ein Problem suchen.

Knowledge-Management

„Wissensmanagement"; soll Karten für den Informationsdschungel anlegen. Dazu wird das Wissen in einem Unternehmen systematisch gesammelt, analysiert, aufbereitet und anderen Mitarbeitern zur Verfügung gestellt. Wissensmanagement soll verhindern, dass beispielsweise in einer Abteilung eines Unternehmens über eine Problemlösung nachgedacht wird, die in einer anderen Abteilung schon gefunden wurde. Schwierigkeiten bereitet aber noch die Frage, wie man das Wissen aus den Köpfen der Mitarbeiter am besten ins Intranet bekommt – denn nicht alles lässt sich in Worten oder Bildern ausdrücken und ausdrucken.

Konvergenz

Das Verschmelzen der verschiedenen Medien und Geräte. In Zukunft sollen Computer, Fernseher, HiFi-Anlagen und Mobiltelefone durch multifunktionale mobile Geräte ersetzt werden. → **Smartphone**, → **Personal Digital Assistent**

Konvertieren

Die Umwandlung von einem Datenformat in ein anderes, z. B. von einem Textdokument in eine HTML-Seite (→ **HTML**). Meistens müssen solche automatischen Konvertierungen aber noch nachbearbeitet werden.

Kryptographie

Verschlüsselungsverfahren, bei dem Informationen mithilfe von mathematischen Algorithmen in ein unlesbares Format (Cipher Text) gebracht werden. Nur wer den entsprechenden Schlüssel besitzt, kann die ursprüngliche Information wiederherstellen. → **Steganographie**, → **Advanced Encryption Standard**

Kryptologie

Wissenschaft vom Ver- und Entschlüsseln. Weil die Vertraulichkeit von Daten im Internet auch für den →

E-Commerce von großer Bedeutung ist, rechnen Experten damit, dass Kryptologie immer wichtiger wird. Gesucht sind sichere Verfahren zur Datenübermittlung. → **Kryptographie**

Kuckucksei

Musikdatei im MP3-Format (→ **MP3**), die nur wenige Sekunden des Original-Liedes enthält und ansonsten aus Rauschen oder Kuckucksuhr-Klängen besteht. Damit sollen Benutzer geärgert werden, die per → **Filesharing** Musikdateien über eine Tauschbörse wie → **Napster** tauschen und dabei das Urheberrecht der Musiker verletzen.

Kultur des Scheiterns

Nach Ansicht von Wirtschaftsexperten ist diese Art der „Kultur" nötig, wenn sich Unternehmertum entwickeln soll. Dazu gehört, dass ein Gründer, der einmal mit einem → **Start-up** gescheitert ist, eine zweite Chance erhält – und finanziell von Banken und Wagniskapitalgebern unterstützt wird.

Künstliche Intelligenz

Die Simulation von menschlicher Intelligenz durch den Computer. Dazu gehören menschliche Fähigkeiten wie Lernen, Nachdenken, Spielen, auf menschliche Sprache antworten und auf äußere Reize reagieren, vor allem aber Kreativität. Als einer der großen Erfolge von Künstlicher Intelligenz gilt der Sieg des Schachcomputers „Deep Blue" über den Schachweltmeister Kasparow.

L8 R

(Chat-/E-Mail-Kürzel) „l-eight-r" = „later" = „später"

Laggards

Konsumentengruppe, die wenig an Information über neue Produkte interessiert ist und die meist nur eine geringe Kaufkraft hat. Die „Zauderer" kaufen ein Produkt erst dann, wenn der Markt bereits gesättigt und der Trend vorbei ist.

LAN

→ **Local Area Network**

LASE

→ **Limited Area Search Engine**

Last Mover Advantage

Scherzhaft gemeintes Gegenteil zu → **First Mover Advantage**. Bezeichnet den Unternehmer, der als letzter ein neues Geschäftsfeld entdeckt und betritt. Idealerweise hat er aus den Fehlern der First Mover gelernt.

Late Majority

Gruppe von Konsumenten, die wartet, bis ein Produkt sich bewährt hat. → **Produktzyklus**

Later Stage-Finanzierung

→ **Second Stage-Finanzierung**, → **Finanzierungsrunde**

Launch

Markteinführung eines neuen Produkts. Um Anlaufschwierigkeiten zu vermeiden, entscheiden sich Firmen häufig für einen Softlaunch, d. h. sie präsentieren erst einmal ein Basisprodukt oder ein eingeschränktes Angebot auf dem Markt, um einen ersten Zugang zu ermöglichen. Bei einem neuen Computerprogramm handelt es sich oft um eine → **Betaversion**.

Lead Investor

Hauptinvestor bei einer → **Finanzierungsrunde**. Ziel eines → **Start-ups** ist es, möglichst verschiedene Lead Investoren in den unterschiedlichen Finanzierungsrunden zu haben, um „breit aufgestellt" zu sein.

Leaky Reply

E-Mail, die an die falschen Empfänger geht. Meistens passiert das durch unabsichtliches Klicken auf das Feld „Allen antworten". Die Antwort wird dann an alle Empfänger der ursprünglichen Mail verschickt. Manchmal ist auch eine → **Mailing List** für Rundschreiben falsch eingerichtet, so dass das Antwortschreiben ebenfalls an alle Empfänger in der Mailing-Gruppe geht.

leitungsvermittelt

Datenübertragung, bei der alle Informationen direkt weitergegeben werden. Die Leitung bleibt dabei bestehen, auch wenn Pausen im Datenstrom auftreten. Beispiel: das Telefonieren. Der Nachteil ist, dass Leitungen nicht optimal ausgenutzt werden, denn in den Pausen ließen sich andere Daten übertragen. Deswegen sind paketvermittelte Verfahren (→ **paketvermittelt**) effizienter.

Letter of Intent (LOI)

„Absichtserklärung"; üblicherweise wird damit eine vorläufige Bestellung bestätigt. Unternehmen im Fusionsfieber verschicken aber den LOI, wenn sie die Absicht haben, sich an einem anderen Unternehmen zu beteiligen oder es zu übernehmen.

letzte Meile

Dieser Ausdruck bezeichnet nicht eine wirkliche Meile, sondern die Entfernung von der Wohnung des Kunden bis zum nächstgelegenen Stützpunkt des Unternehmens oder seiner Partner. Beim Versandhandel ein Problem: Bis zum nächstgelegenen Logistikzentrum lässt sich die Ware noch leicht bringen, sie dann aber zum gewünschten Zeitpunkt bei Herrn/Frau A in der B-Straße abzuliefern ist teuer und kompliziert. Darum sehen viele → **E-Tailer** die Zukunft in so genannten POD-Modellen, bei denen der Kunde die Ware abholt.

Leveraged Buyout

Unternehmensübernahme, die durch Schulden finanziert wird. Nach dem erfolgreichen Leveraged Buyout verkauft der Neueigentümer häufig Teile des übernommenen Unternehmens, um die Schulden zu tilgen.

Limited Area Search Engine (LASE)

Suchmaschine, die nur ein bestimmtes Fachgebiet abdeckt. Dadurch erhöht sich die Qualität der Treffer. Meist für wissenschaftliche Anwendungen genutzt.

Linkrot

Verschmelzung von → **Link** und „to rot“ (= „verrotten, verfallen“); der „Linkverfall“ bezeichnet die Tatsache, dass Links nach einiger Zeit ins Leere führen, weil die dazu gehörende Seite nicht mehr aktuell ist oder vom Netz genommen wurde.

Links

Sozusagen die Wellen für Internetsurfer. Es sind die Stellen auf einer Seite, die auf andere Textstellen, andere Seiten oder andere Websites verweisen. Durch Links entsteht → **Hypertext**.

Linux

Ein Betriebssystem für Computer, das sowohl für Server als auch PCs geeignet ist. Es basiert auf dem Betriebssystem UNIX, wurde aber von dem finnischen Studenten Linus Torvalds weiterentwickelt. Torvalds hat seine Erfindung als → **Open Source** kostenlos zur Verfügung gestellt. Heute verdienen trotzdem einige Firmen Geld mit dem Programm, weil sie entweder umfangreiche Handbücher dazu ausliefern oder die Installation vereinfachen.

Liteware

Software, mit eingeschränkter Funktionsfähigkeit, die zu Werbezwecken kostenlos verteilt wird. → **Shareware**, → **Freeware**

Load Balancing

„Lastenausgleich“; mit Hard- oder Software wird versucht, die Anfragen bei einer Website mit viel → **Traffic** auf verschiedene Server zu verteilen. Damit soll ein Angebot immer erreichbar bleiben.

Load, fire, aim

„Laden – schießen – und dann erst zielen.“ Beschreibt eine Firmenstrategie, die vor allem auf schnelle Entscheidungen setzt, um den → **First Mover Advantage** zu nutzen.

Local Area Network (LAN)

Hiermit ist ein Datennetz gemeint, das räumlich beschränkt und Network nur von einer relativ kleinen Usergruppe benutzt wird, deren Zuständigkeit es völlig untersteht. Typische Benutzer dieser Network-Art sind beispielsweise Unternehmen oder Universitäten. Das Gegenstück zum LAN ist das → **WAN**.

Location Based Services

Ein Zauberwort des → **M-Commerce**. Es bezeichnet Dienstleistungen, die sich auf den Standort des Kunden beziehen. Das kann z. B. die Information über die Verkehrssituation im näheren Umkreis sein oder ein Veranstaltungstipp. Zur Ortung des Kunden wird meistens das Mobiltelefon eingesetzt, das sich in einer bestimmten Funkzelle des Netzes angemeldet haben muss. Genauer, aber auch aufwändiger ist die Ortung mittels Satelliten (→ **GPS**).

Locator Information

Angaben über den Standort eines Kunden für den → **M-Commerce**. Am einfachsten ist die Standortangabe über die Mobilfunk-Anbieter herauszufinden. Über ihre verschiedenen Funkzellen können sie einen Teilnehmer bis auf wenige hundert Meter genau lokalisieren. → **Location Based Services**

Lock-up Period

„Verschluss-Zeit"; Frist nach einem Börsengang (→ **Initial Public Offering**), in der die Alteigentümer keine Aktien verkaufen dürfen. Am → **Neuen Markt** in Deutschland sind z. B. mindestens sechs Monate festgelegt. So soll verhindert werden, dass die anderen Aktionäre durch einen Börsengang übervorteilt werden. Aber auch danach ist Vorsicht angebracht: Denn wenn die Alteigentümer nach Ablauf der Frist viele Anteile auf den Markt werfen, kann der Kurs der Aktie unter Druck geraten.

LOI

→ **Letter of Intent**

LOL

(Chat-/E-Mail-Kürzel) „laughing out loud" = „ich muss laut lachen"

Luhn- Formel

Mathematische Formel, mit der die Echtheit einer Kreditkarte überprüft werden kann. Dazu wird die Kartennummer in mehreren Schritten in die Formel eingesetzt. Das Ergebnis muss Null sein, damit die Karte den Test besteht.

Lurker

Der Lurker ist ein passiver User, der sich an Internetforen und Usenetgroups nicht aktiv beteiligt, sondern nur Informationen aufnimmt. Er ist gewissermaßen ein stiller, lauernder („to lurk" = „lauern") Beobachter. Grund für dieses Verhalten kann es einerseits sein, dass der User vor einer aktiven Teilnahme erst einmal die üblichen Verhaltensregeln (→ **Netiquette**) kennen lernen möchte, andererseits dass er sich vorrangig für die „häufig gestellten Fragen" (→ **FAQs**) interessiert.

Luser

Ein Kunstwort, zusammengesetzt aus „Loser" (Verlierer) und „User" (Computernutzer), also jemand, der wenig Ahnung von Computern hat.

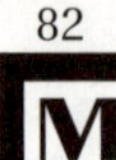

M2M

→ **Manufacturer-to-Manufacturer**

Macarena- Seite

Internet-Auftritt, der auf einen aktuellen Trend reagiert. Meist ist eine solche Website überladen mit Schnickschnack, nach kurzer Zeit allerdings wieder „out" und wird deshalb vom Netz genommen. Das Wort entstand in Anlehnung an den Modetanz Macarena.

Maccaroni Defense

Abwehrtaktik eines Unternehmens, das zum Ziel (→ **Target**) einer Übernahme werden soll. Es gibt Anleihen heraus, die im Fall einer Unternehmensübernahme zu einem hohen Preis zurückgekauft werden müssen. Die Kosten der geplanten Übernahme steigen so schnell, wie Nudeln im Topf aufquellen – daher der Name.

Mail- Bombing

Das kann demjenigen drohen, der gegen die → **Netiquette** verstoßen hat: E-Mails mit datenschweren → **Attachments** werden massenweise an seinen Online-Briefkasten geschickt. Dieser quillt über vor Datenmüll. Eine der härtesten Strafen im → **Cyberspace**.

Mailing List

Zusammenstellung von E-Mail-Adressen mehrerer Internet-Nutzer. Auf vielen Websites kann man sich in eine Mailing List eintragen und erhält dann regelmäßig Informationen des Unternehmens oder einer Organisation (→ **Online Newsletter**). Der Benutzer sollte aber darauf achten, dass der Absender die Adresse garantiert nicht an Dritte weiter gibt. Sonst landet bald → **Spam** im elektronischen Briefkasten.

Mainframe

Großrechner, an dem mehrere → **Workstations** hängen. Die Mainframes mit den kleineren Arbeitsplatzterminals wurden aber häufig abgelöst durch einen Verbund von leistungsfähigen Personal-Computern. → **Network Computing**

Malware

Verbindet die beiden Worte „malicious" (tückisch) und „Software" und meint Programme, die Schaden anrichten. Andere Bezeichnung für → **Computervirus**.

Management by helicopter

Scherzhafte Bezeichnung für ein bestimmtes Verhalten des Firmenchefs: Er kommt aus heiterem Himmel aus seinem Büro, sorgt für eine Menge Wirbel und hinterlässt beim Abflug Chaos.

Manufacturer-to-Manufacturer (M2M)

Von Hersteller zu Hersteller; Spezialfall eines B2B-Geschäfts (→ **B2B**).

Markengrabbing

Das Eintragen gängiger Begriffe als Marke. Zuständige Registrierungsstelle ist das Deutsche Patentamt, das allerdings nicht prüft, ob die Marken überhaupt registrierungsfähig sind. Dies bleibt dann Gerichtsprozessen überlassen, die kleine Unternehmen sich aber häufig nicht leisten können. Einer der bekanntesten Fälle von Markengrabbing war die „E-Klasse". Mercedes musste rund 100.000 DM zahlen, nachdem sich herausstellte, dass sich ein Geschäftsmann diesen Begriff hatte schützen lassen. In einem anderen Fall ließ sich der Kölner Unternehmer Norbert Helling 1999 das Zeichen „@" geschmacksmusterrechtlich für Druckerzeugnisse schützen. Obwohl der Begriff offiziell weiterhin geschützt ist, macht Helling keine rechtlichen Ansprüche geltend. → **Domaingrabbing**

Marktkapitalisierung

Kennzahl für die Größe eines Unternehmens. Sie errechnet sich aus dem Kurs der Aktie multipliziert mit der Anzahl der Aktien. Die Marktkapitalisierung spielt z. B. eine Rolle bei der Aufnahme und der Gewichtung eines Unternehmens im Deutschen Aktienindex DAX.

Mausbeutung

Verschmelzung von „Ausbeutung" und (Computer-) „Maus". Dieser Art der Ausbeutung fallen vor allem junge, motivierte Berufseinsteiger in der IT-Branche zum Opfer, die zahllose unvergoltene Überstunden leisten.

M-Commerce

Handel über mobile Geräte, momentan also vor allem das Handy. Mit der wachsenden Bandbreite in den Handy-Netzen durch neue Techniken wie → **GPRS** oder → **UMTS** werden völlig neue M-Commerce-Angebote möglich, z. B. lokale Ausgehtipps samt Stadtplan und Kartenreservierung. UMTS soll selbst die Übertragung von Filmen aufs Handy erlauben.

Merger

Gleichberechtigte „Fusion" zweier Unternehmen, meist unter dem Druck einer globalisierenden Wirtschaft.

Meta Ad

Einfache Form des → **Targeting**, die auch „Keyword Advertising" genannt wird. Eine Meta Ad ist eine Banner-Werbung (→ **Banner**) auf der Seite einer Suchmaschine, die von den eingegebenen Schlüsselwörtern abhängt. Passend zu diesen Suchbegriffen wird die Anzeige ausgewählt, die der Benutzer zu sehen bekommt.

Meta- Market

Internet-Marktplatz, auf dem Waren und Dienstleistungen von Anbietern aus verschiedenen Branchen zu kaufen sind, die sich aber ergänzen, z. B. Autos und Kfz-Versicherungen.

Meta-Suchmaschine

Suchmaschine, die andere Suchmaschinen nach Informationen durchsieht und aus den Ergebnissen mehrfache Treffer herausfiltert.

Meta-Tag

Angaben im → **Head** eines HTML-Dokuments (→ **HTML**), die den Inhalt der Seite beschreiben. Sie müssen sorgfältig ausgewählt werden, weil viele Suchmaschinen auf den Inhalt der Meta-Tags reagieren.

Me-too-Produkt

Nachahmung von einem bereits erfolgreichen Produkt, das nicht so aussieht wie das Original, aber die gleiche Funktion erfüllt. Ein Unternehmen kann ein Me-too-Produkt herstellen, um einem Konkurrenten den Markt nicht zu lange alleine zu überlassen. → **First Mover Advantage**

mezzanine Finanzierung

Geldspritze für ein Unternehmen, das sich schon einigermaßen entwickelt hat, oft kurz bevor die Firma ihren Börsengang antritt. → **Finanzierungsrunde**

Microbrowser

Abgespeckte Ausgabe eines → **Browsers**. Er ist zum Einsatz in mobilen Geräten gedacht und soll Internet-Anwendungen mit dem → **Smartphone** oder dem → **Personal Digital Assistent** möglich machen.

Micropayment

Das Zahlen kleiner Beträge mittels eigens dafür eingerichteter → **elektronischer Geldbörsen**.

Microsegmentation

Das Ansprechen von sehr kleinen, sehr speziellen Zielgruppen. Möglich wurde Microsegmentation erst durch moderne Informationstechnik. So können durch den Einsatz von Datenbanken Zielgruppen immer enger gefasst und entsprechend beworben werden. → **Targeting**

Microsite

Website, die eigentlich zu einer größeren Website gehört, aber eigenständig vermarktet wird, oft sogar unter einer eigenen Internet-Adresse. Anbieter können sich zum Anlegen einer Microsite entschließen, wenn sie ein bestimmtes Thema darstellen wollen, dass mit den Inhalten ihres Hauptangebotes nichts zu tun hat.

Millenium Bug

→ **Y2K**

Millionerd

Wortspiel mit „millionaire" und → „**Nerd**". Gemeint sind die Mitarbeiter einer Computerfirma, die durch ihre Aktienoptionen zu Millionären geworden sind. → **Siliconaire**

MIME

→ **Multipurpose Internet Mail Extensions**

Mirrorsite

Spiegelbild einer Website; der Inhalt wird einfach eins zu eins auf einem anderen Server abgelegt. Dadurch kann der Datenverkehr auf den → **Backbones** geringer gehalten werden, weil der Benutzer zu einem Server in seiner Nähe geleitet wird.

Moof Monster

Internet-Sagengestalt, die angeblich für alle Probleme mit der Technik verantwortlich ist. Wenn der → **Chat** plötzlich abstürzt oder der Browser aus unbekannter Ursache einfriert, dann war es das Moof Monster. Auch Technik ist nicht unfehlbar.

Moral-Plus-Produkte
Produkte, die zusätzlich zu ihrem Gebrauchswert einen moralischen Zweck erfüllen: Es handelt sich z. B. um Produkte, die besonders umweltschonend hergestellt werden oder bei denen ein Teil des Gewinns einem wohltätigen Zweck zugeführt wird. Der moralische Nutzen kann in der unübersichtlichen Warenwelt manchmal auch als → **Unique Selling Proposition** dienen.

MORF
(Chat-/E-Mail-Kürzel) „male or female" = „männlich oder weiblich"

Motion Picture Expert Group (MPEG)
Die MPEG (Motion Picture Expert Group) ist eine Expertenrunde, die sich im Rahmen der Organisation für Internationale Standardisierung (ISO) trifft und Standards für die Video-Übertragung festlegt. So bezeichnet MPEG denn auch ein standardisiertes Komprimierungsverfahren für Audio- und Videodateien. →**MP 3**

Mouse Miles
Scherzhafte Maßeinheit für die am Computer verbrachte Zeit. Mit einigen → **Shareware-Programmen** kann man die „Mausmeilen" sogar wirklich ausrechnen lassen.

Mousepotato
Scherzhafter Begriff in Anlehnung an „Couchpotato". Beschrieben wird ein User, der sich ein Leben ohne Computer nicht mehr vorstellen kann.

Mousetrapping
Unzulässige Praxis, mit der Anwender auf einer Internet-Seite gehalten werden sollen. Der Mausklick auf die „Back"-Taste des → **Browsers** führt nicht aus dem unerwünschten Angebot, sondern nur zu weiteren unerwünschten Seiten. → **Pagejacking**

MOV
Das Kürzel „.mov" kommt natürlich von „movie" (engl. „Film"). Es zeigt an, dass es sich um eine Videodatei handelt, die mit der Software „Quick Time" von Apple erstellt wurde und abgespielt werden kann.

MP3
Kompressionsverfahren für Musikdateien, entwickelt vom Fraunhofer Institut in Erlangen. Eigentlich MPEG Layer 3. MP3 ist eines der am meisten benutzten Suchwörter im Internet, weil sich damit Musikstücke fast in CD-Qualität übertragen und austauschen lassen – zum Ärger der Plattenfirmen machen viele Internetbenutzer davon Gebrauch.

MPEG
→ **Motion Picture Expert Group**

MPEG-7
Datenformat für komprimierte digitale Inhalte. Es soll vor allem im Mobil-

funkbereich eingesetzt werden, z. B. zur Übertragung von Filmen auf ein UMTS-Handy (→ **UMTS**).

MUD

→ **Multi User Dungeon**

Multi Supplier Catalog

Intranet-Katalog (→ **Intranet**), der die Angebote der Zulieferer eines Unternehmens enthält. Die Mitarbeiter können so z. B. ihren Bürobedarf auswählen und gleich online bestellen.

Multi User Dungeon (MUD)

Spieleplattform im Internet, in der sich Online-Spieler treffen und gegeneinander antreten. Diese Form des vernetzten Spielens wird nach Schätzungen von Experten noch stark zunehmen. → **Community**

Multicast

Form des → **Streamings**, bei dem ein abgehender Datenstrom aufgeteilt wird und von hunderten Benutzern empfangen werden kann. Dazu ist aber eine entsprechende Ausrüstung des → **Internet Service Providers** nötig. Gegenteil von → **Unicast**.

Multilink

Mit Multilink können zwei Telefonleitungen mit zwei Modems zu einer Verbindung mit höherer → **Bandbreite** zusammengeschaltet werden. Ein Verfahren, dass ursprünglich für → **ISDN** entwickelt wurde. Damit es funktioniert, muss aber auch der → **Internet Service Provider** die entsprechende Technik haben.

Multipurpose Internet Mail Extensions (MIME)

Standard für E-Mails, die mehr als nur Text enthalten. Nach den MIME-Regeln werden angehängte Grafiken, Videos oder Tondokumente in ein Format verwandelt, das per E-Mail übertragen werden kann. → **S/MIME**

Multitasking

Das Erledigen mehrerer Aufgaben zur gleichen Zeit. Eine Anforderung, die man früher vor allem bei der Entwicklung von Computer-Chips stellte (mehrere Programme und Funktionen sollten gleichzeitig ablaufen können), die aber wegen der Beschleunigung der Arbeitsprozesse immer mehr auf die Menschen übertragen wird.

Multithreading

Die Fähigkeit eines Betriebssystems, mehrere Teile eines Programms gleichzeitig auszuführen. Entscheidend dabei ist, dass der Programmierer sorgfältig gearbeitet hat und die einzelnen Bestandteile infolgedessen reibungslos zusammenarbeiten. → **Multitasking**

Mung

Abkürzung für „mash until no good" („Mischen bis es nutzlos wird"); Daten verändern, damit niemand mehr etwas mit ihnen anfangen kann. → **Address Munging**

MYOB

(Chat-/E-Mail-Kürzel) „mind your own business" = „kümmere dich um deinen Kram"

Nagware

„Nörgelware" ist eine Form der → **Shareware**. Der Entwickler versucht den User durch ständiges Herumnörgeln zum Registrieren zu bewegen. Das funktioniert durch Fenster, die beim Starten und Schließen des Programms eingeblendet werden, manchmal auch zwischendurch. Darin ist dann z. B. zu lesen: „Sie arbeiten mit einer nicht-registrierten Version von XY. Bitte lassen Sie sich registrieren!". → **Freeware**, → **Guiltware**, → **Cardware**

Naming

Englisch für „Benennung". Das kreative Erfinden trendiger Namen für neue (oder alte) Produkte und Dienstleistungen. Große Unternehmen verfügen über eigene „Naming-Abteilungen", denen wir Begriffe wie „City Call" statt „Ortsgespräch" oder „Service Point" statt „Informationsschalter" verdanken.

Nanosite

→ **Microsite**

Napster

Netzwerk, das das → **Filesharing** von Musiktiteln unter Millionen von Benutzern populär gemacht hat. Musikkonzerne sahen dadurch die Urheberrechte verletzt. Sie strengten Klagen an, deren Urteil von dem ursprünglichen, kostenlosen P2P-Modell (→ **P2P**) nichts mehr übrig lässt. Der Medienkonzern Bertelsmann beteiligte sich an Napster, um den Dienst zu kommerzialisieren. Längst aber sind andere, ähnliche Tauschbörsen im Netz. → **Gnutella**

Nasdaq

1971 gegründete Computerbörse in den USA. Die Abkürzung steht für „National Association of Securities Dealers Automated Quotation System". Im Nasdaq werden vor allem Aktien der Technologiebranche gehandelt. Es war Vorbild für andere Börsen der so genannten Wachstumswerte, wie z. B. den → **Neuen Markt** und wurde durch den Aufschwung der Aktien von Internet-Firmen zum Inbegriff des Börsenbooms.

Nastygram

Eine E-Mail, die den Empfänger beleidigt oder stark kritisiert. Oft als Reaktion auf eine unverlangt zugesandte Werbung (→ **Spam**, → **UCE**) oder auf eine beleidigende Äußerung in einer → **Newsgroup**, → **Flame**

National Institute of Standards and Technology (NIST)

Amerikanische Behörde für Normen; sie ist dem Wirtschaftsministerium angegliedert und kümmert sich um die Festlegung und Durchsetzung von Standards.

Nerd

Eigentlich „Trottel", mittlerweile vor allem eine negative Bezeichnung für einen Computerfreak. Ein Mensch, der begnadet mit Technik, aber weniger geschickt mit anderen Menschen umgehen kann. Meistens trifft man den Nerd mit einer dicken Brille und

blasser Haut vor seinem Computer an, wo er seit Tagen und Nächten an einem Problem tüftelt. → **Spod**, → **Tekkie**

Net
Abkürzung für „Internet"

Net Generation (N-Gen)
Die erste Generation, die bereits mit dem Computer aufgewachsen ist, d. h. also diejenigen jungen Leute, die etwa 1980 geboren sind.

Net god
Computer-Koryphäen werden von der Internetgemeinde häufig wie gottgleiche Wesen verehrt. Hierbei handelt es sich meist um Personen, deren Verdienst die Entwicklung und der weltweite Ausbau des Internets sind.

Net guru
Ähnliche Bewunderung wie dem → **Net god** widerfährt auch dem „Netzguru" aufgrund seines Internetfachwissens.

Net Nanny
Filterprogramm zum Schutz vor jugendgefährdenden Seiten im Internet. → **Filtering Dictionary**

Netco
Abkürzung für eine Firma, die im Internet oder mit dem Internet Geschäfte macht. → **Telco**

Netiquette
Verschmelzung von „Net" (Internet) und „etiquette" (Benimm). Gemeint ist das respektvolle Benehmen bei der Kontaktaufnahme mit anderen Usern des Internets.

Netizen
Verschmelzung von „Net" (Internet) und „citizen" (Bürger). Jeder, der zur weltweiten Gemeinde der Internet-Benutzer gehört.

Netlag
Verschmelzung von „Internet" und „Jet Lag" (Leiden unter der Zeitverschiebung nach langen Flügen). Der Begriff bezeichnet lange Verzögerungen beim Internet-Surfen, in Zeiten, in denen der → **Traffic** sehr hoch ist.

Netois
Verschmelzung von „Internet" und „patois" (= „Mundart, Dialekt"). Typischer, nur im Internet zu findender Slang, der durch zahlreiche Abkürzungen und Wortspiele gekennzeichnet ist. → **Internetese**

Netpromotion
Werbung für die eigene Website im Internet, z. B. durch die Mitgliedschaft in einem → **Banner-Tauschring**. → **Banner**

Netradio
Radiosender, der sein Programm ausschließlich im Internet verbreitet. Die nötige Technik dazu ist das → **Streaming** der Audiodaten. Bisher sind reine Netradios noch kein wirtschaftlicher Erfolg, längeres Zuhören ist ohne → **Flatrate** ein teures Vergnügen.

Netsourcing

Verschmelzung von „Internet" und „Outsourcing". Bezeichnet das Auslagern von Unternehmensaufgaben an ein Internet-Unternehmen. Kleinere Firmen netsourcen häufig Aufgaben, die eine teure oder komplizierte Software erfordern würden. → **Internet Business Solutions**

Network Computing

Die Verbindung der alten Mainframe-Idee (→ **Mainframe**) mit dem Internet: Beim Network Computing sollen die PCs auf dem Schreibtisch stark abgespeckt werden und fast nur noch Terminals sein. Alle Programme und auch der Speicherplatz werden über das Internet zur Verfügung gestellt. Die Befürworter dieses Gedankens versprechen sich davon, dass die Computer wesentlich billiger werden und dass nur noch mit kleinen Software-Komponenten gearbeitet wird, die der Anwender wirklich braucht.

Network Information Center (NIC)

Stelle, an der die Domain Namen (→ **Domain Name Server**) registriert werden. Beim NIC sind die Besitzer einer Internet-Adresse und die Web Hosts (→ **Web Hosting**) der zugehörigen Website eingetragen. Die Anmeldungen für deutsche Internetadressen laufen über das → **DeNIC**. → **Admin-C**

Netzwerkeffekt

Von Netzwerkeffekt spricht man, wenn allein die Verbreitung eines Produktes oder einer Dienstleistung den Wert steigen lässt. Da bei digitalen Produkten wie Software das Vervielfältigen so gut wie nichts kostet, ist der Netzwerkeffekt oft entscheidend für den Wert. Deshalb kann es für eine Software-Firma nützlich sein, ein neues Produkt erst einmal zu verschenken, um es möglichst schnell und weit zu verbreiten. Ziel ist es, durch das Produkt einen Standard zu setzen, der Konkurrenten den Markteintritt erschwert oder sich gegen einen bereits etablierten Konkurrenten durchzusetzen.

Neuer Markt

1997 gegründeter Handelsplatz an der Frankfurter Börse. Nach dem Vorbild des → **Nasdaq** sollen hier vor allem Investoren für junge Hightech-Firmen gefunden werden. Für Firmen, die ihre Aktien an den Neuen Markt bringen wollen, gelten strenge Zulassungsvorschriften. Sie müssen z. B. jedes Quartal einen Bericht über die Geschäftstätigkeit vorlegen.

Neuronales Netz

Form der → **Künstlichen Intelligenz**. Ein neuronales Netz versucht, das menschliche Hirn nachzubilden. Statt Entscheidungen nach einem einfachen (digitalen) Ja/Nein-Schema zu treffen, knüpft es von selbst Strukturen aus so genannten Prozessor-Elementen – wie Nervenbahnen im Gehirn. Ein neuronales Netz lässt sich auch auf einem herkömmlich arbeitenden Computer simulieren. → **Fuzzy Logic**

New Chips

Neubildung analog zu den → **Blue Chips**; gemeint sind Aktien von relativ jungen Firmen der Computer- oder Biotechnologiebranche.

Newbie

Hierbei handelt es sich um Personen, die wenig oder gar keine Interneterfahrung haben. Gegenteil von einem → **Knowbie**.

Newsgroup

Diskussionsforum im → **Usenet**. Newsgroups sind nach Ländern und nach Themen geordnet. Zu jedem nur erdenklichen Thema findet sich eine Gruppe, bei der Interessierte mitdiskutieren können.

Newsreader

Programme zur Benutzung von → **Newsgroups**. Sie erlauben das Schreiben, Lesen und Beantworten von Postings. Manche können sogar eine Newsgroup abonnieren, d. h., alle dort eingehenden Mitteilungen werden automatisch vom Server heruntergeladen.

N-Gen

→ **Net-Generation**

NIC

→ **Network Information Center**

Nick

Abkürzung für „nickname". So bezeichnet man Spitznamen, die sich Benutzer von Chatrooms (→ **Chat**) einfallen lassen, um ihre Anonymität zu wahren und einen virtuellen Charakter (→ **Avatar**) anzunehmen. → **Nym**

Nintendo-Daumen

Eine Art Tennisarm; Schmerzen in der Hand, die durch wiederholte Überbeanspruchung und einseitige Belastung entstehen – nicht nur, aber auch bei der Dauerbenutzung der Spiele des japanischen Nintendo-Konzerns.

NIST

→ **National Institute of Standards and Technology**

Nocom

Scherzhafte Bezeichnung für eine → **Dotcom**, deren Geschäfte unrentabel sind. Ein solches Unternehmen wird wohl bald eine → **Deadcom** oder eine → **Dot Bomb** sein.

NRN

(Chat-/E-Mail-Kürzel) „no reply necessary" = „keine Antwort nötig"

Nym

Kurzform von Pseudonym; Kunstname, mit dem Internet-Benutzer ihre wahre Identität verschleiern. → **Nick**

Offshore-Märkte

Der Begriff bezeichnet eigentlich „Märkte vor der Küste". Konkret werden damit aber Finanzplätze bezeichnet, die mit besonderen Vorzügen vor allem im Steuerrecht locken.

Offsite Storage

Speicherplatz im Internet, den man mieten kann. Dort werden Dokumente oder Arbeitsunterlagen abgelegt, so dass man rund um die Uhr von jedem Computer mit Internet-Anschluss darauf zugreifen kann. Wegen möglicher Sicherheitsrisiken (z. B. durch → **Hacker**) schrecken manche Betriebe aber davor zurück.

Oh-no-second

Die „Oh-Nein-Sekunde" ist jene kurze Zeitspanne, die zwischen dem Anschlagen einer Taste und dem Moment liegt, in dem man merkt, dass man damit Stunden, Tage oder Wochen an Arbeit gelöscht hat.

One-Click Shopping

Ein Online-Einkaufsverfahren, das vom Internet-Buchhändler Amazon eingeführt wurde. Anstatt lange Formulare auszufüllen und die Waren in einen virtuellen Einkaufskorb zu legen, reicht hier nun ein Mausklick. Die übrigen Informationen für Lieferung und Rechnung sind seit dem letzten Einkauf gespeichert und müssen vom Kunden nur noch bestätigt werden. Damit das Verfahren funktioniert, ist es allerdings nötig, dass der Kunde ein → **Cookie** auf seine Festplatte schreiben lässt.

One-Link Wonder

Ähnlich wie ein „One-Hit Wonder" nur ein einzelnes erfolgreiches Musikstück vorweisen kann, enthält eine derartige Website nur einen einzigen vernünftigen Link.

One-to-One-Marketing

Werbemaßnahme, die direkt auf einen Kunden zugeschnitten ist. Möglich wird dies durch Methoden wie → **Data Mining** und Techniken wie → **Collaborative Filtering**. Die Gefahr dabei ist, dass sich der Verbraucher ausspioniert und (durch → **Spam**) belästigt fühlt.

Online Banking

Die Abwicklung von Bankgeschäften über das Internet. Einige neue Internet-Banken sind sogar nur im → **Cyberspace** erreichbar – das dann allerdings rund um die Uhr.

Online Broker

Meistens ist damit eine Website gemeint, über die Aktien gehandelt werden können. Generell kann aber jeder Zwischenhändler so bezeichnet werden, der via Internet zwischen Käufer und Verkäufer vermittelt und dafür eine Provision kassiert.

Online Newsletter

Für viele Firmen mittlerweile das wichtige Instrument des → **Permission Marketings**. Wer sich in eine → **Mailing List** eingetragen hat, wird mit allen nur erdenklichen Informationen versorgt – manchmal sogar mehrmals täglich. Bevor man so einen Newsletter bestellt, sollte man allerdings darauf achten, wie man ihn wieder abbestellen kann. Manchmal bereitet das nämlich größere Schwierigkeiten.

OOC

→ **Out of Cash**

Open Source

„Offene Quelle" meint, dass der Quellcode, das Herzstück einer Software, offen zugänglich ist. Jeder darf diese Software verändern, weiterentwickeln und seinen Bedürfnissen anpassen. Die einzige Bedingung ist, dass die Weiterentwicklungen wieder der Allgemeinheit zugute kommen, indem sie frei verfügbar gemacht werden. Die Befürworter von Open Source-Software versprechen sich dadurch bessere Programme. Gegner befürchten eine Vielzahl von inkompatiblen Entwicklungen. Die bekannteste Open Source-Software ist → **Linux**. Dagegen hütet z. B. Microsoft den proprietären Quellcode (→ **proprietär**) für sein Windows-Betriebssystem wie der Drache den Goldschatz. → **Freeware**, → **Public Domain**, → **Shareware**

Open Source Software (OSS)

→ **Open Source**

Optical Networking

Die Datenübertragung in Netzen aus Glasfaserkabeln (→ **Glasfaser**). Informationen werden darin optisch (in Form von Licht) weitergeleitet. Bisher wird die Glasfasertechnik vor allem bei den → **Backbones** und in eigenen Forschungsnetzen (→ **Internet 2**) eingesetzt.

Opt-in

Möglichkeit, einem Benutzer unerwünschte Werbe-E-Mail (→ **Spam**) zu ersparen. Bei einer Opt-in-Lösung muss sich der Kunde erst damit einverstanden erklären, dass er Werbung beziehen will. Manche Länder schreiben das vor, manche Unternehmen verfahren freiwillig so, weil der Kunde dann ihrer Ansicht nach besser auf die Werbung reagiert. → **Opt-out**, → **Permission Marketing**

Opt-out

Bei diesem Verfahren muss sich der Kunde auf einer besonderen Liste eintragen, um keine Werbe-E-Mails (→ **Spam**) zu erhalten. Teile der Wirtschaft ziehen diese Lösung einem → **Opt-in** vor, weil sie dadurch freier in der Wahl ihrer Werbemittel sind.

OSS

→ **Open Source Software**

Out of Cash (OOC)

„Ohne Geld"; Zeitpunkt, an dem die Finanzmittel eines → **Start-ups** aufgebraucht sind. Man spricht auch vom „Fume Day". → **Burn Rate**

outegrieren

Verschmelzung von zwei Widersprüchen: „out" und „integrieren". Freundliche Umschreibung dafür, dass jemand aus einem Team ausgeschlossen wird: „Wir müssen ihn outegrieren."

Outernet

So werden im Gegensatz zum Internet die „ursprünglichen" Medien bezeichnet, also Fernsehen, Radio, Bücher, Zeitschriften und Zeitungen.

outperformen

Eine bessere Performance abliefern. Wird häufig im Zusammenhang mit einzelnen Aktien, einem Fonds oder Börsenindex gebraucht.

P2P

→ **Peer-to-Peer**

Pac Man

So nennt man die Verteidigung gegen eine feindliche Übernahme, wenn das Zielunternehmen seinerseits versucht, den Angreifer zu schlucken. Der Begriff geht zurück auf eines der ersten populären Computerspiele, in dem sich eine großmäulige Spielfigur durch ein Labyrinth frisst.

Page Impression

Früher als „Page Views" bezeichnet. Page Impressions liefern das Maß für die Nutzung einzelner Seiten eines Internet-Auftritts. Die Summe aller Page Impressions gibt Aufschluss über die Attraktivität des Angebotes. Wichtiger Wert für die Mediaplanung von Online-Werbekampagnen. → **Ad Impression**, → **Visit**

Pagejacking

Verschmelzung von „page" (= „Seite") und „hijacking" (= „Entführung"). Der Begriff bezeichnet eine Praxis, mit der User zu unerwünschten Internet-Seiten geleitet werden. Der Pagejacker kopiert dafür einige Seiten eines beliebten Internet-Angebotes und richtet sie so ein, dass sie bei den Suchmaschinen ähnlich hohe Trefferquoten erzielen wie die Originalseiten. Automatisch wird man dann zu einem unerwünschten Angebot umgeleitet. → **Mousetrapping**

paketvermittelt

Datenübertragungsverfahren, bei dem die Information in Pakete zerlegt wird. Diese werden getrennt voneinander über die Verbindung zum Empfänger geschickt und dort wieder zusammengesetzt. Der Vorteil ist, dass eine Leitung optimal ausgenutzt werden kann, weil die Pakete dicht hintereinander unterwegs sind und sich Pakete aus verschiedenen Datenquellen eine Leitung teilen können. Das Internet ist z. B. eine paketvermittelte Datenübertragung. → **leitungsvermittelt**

Palmtop

→ **Personal Digital Assistant**

Para-Site

Website, die andere Sites zum gleichen Thema auf den eigenen Seiten darstellt. Häufig bleibt dabei die ursprüngliche Navigationsleiste bestehen, die neue Seite wird in einem eigenen → **Frame** geöffnet.

Parkinson's Law

Dieses Gesetz besagt: „Jede Arbeit füllt die dafür vorgesehene Zeit vollständig aus." In einer Abwandlung für die Informationstechnik: „Jede Datenmenge wächst, bis sie den vorhandenen Speicherplatz vollständig ausfüllt."

Partition

Eine Festplatte lässt sich in verschiedene Partitionen aufteilen. Jeder Teil agiert wie ein eigenes Laufwerk. Das ist dann sinnvoll, wenn ein Benutzer mit mehreren Betriebssystemen arbeitet. Er kann dann z. B. auf einer Partition Windows installieren und auf der anderen → **Linux**.

Partnerprogramm

→ **Affiliates**

Passwort- Falle

Ein Programm oder eine Website, das bzw. die eine offiziell aussehende Eingabemaske anbietet, um Passwörter zu stehlen. → **Cracker**, → **Hacker,** → **Trojaner**

Paster Boy

Programmierer einer Website, der den HTML-Code (→ **HTML**) einer anderen Seite kopiert und in seine Seiten einfügt (von englisch „to paste" = „einkleben"). So macht er den Eindruck, ein Meister des Webdesigns zu sein, ohne jedoch wirklich eine Ahnung davon zu haben.

Patch

Software, die gewissermaßen als ein Flicken vom Hersteller meist kostenlos zur Verfügung gestellt wird, um Fehler in einem Anwenderprogramm zu beheben. → **Bananensoftware**

PCMCIA

Abkürzung für „Personal Computer Memory Card International Association". Eine Gruppe von Herstellern, die einen Standard für PC-Speicherkarten festgelegt hat. Die PCMCIA-Karten werden vorwiegend in Notebooks eingesetzt. Auch: Scherzhaft für „People can't master computer industry acronyms." = „Die Menschen kommen mit den Abkürzungen der Computerindustrie nicht zurecht."

PDA

→ **Personal Digital Assistant**

PDF

→ **Portable Document Format**

Peer-to-Peer (P2P)

Mit einer einfachen Software lassen sich völlig neue Netze knüpfen: Peer-to-Peer-Programme erlauben es, aus den Computern zahlreicher Privatpersonen ein weltweites Netz aufzubauen. Darin kann jeder auf bestimmte, freigegebene Bereiche fremder Festplatten zugreifen. Die Informationen müssen also nicht auf teuren Servern abgelegt werden.

Penny Stocks

Aktien, die zu Pfennigbeträgen gehandelt werden. Das ist oftmals eine so hochspekulative Angelegenheit, dass es nur wenige dieser Firmen schaffen, daraus Gewinn zu erzielen.

Percussive Maintenance

„Schlagende Instandhaltung" bezeichnet Gewalt gegen technische

Geräte, die Probleme machen. Laut Umfragen hat eine Mehrzahl der Computerbenutzer schon einmal auf den Bildschirm, die Maus oder die Tastatur eingeprügelt.

Permission Marketing

„Marketing nach Erlaubnis"; der Kunde wird dabei nicht mit unverlangter Werbung (→ **Spam**) überschüttet, sondern erst um sein Einverständnis gefragt. Davon erwartet man eine größere Aufgeschlossenheit des Kunden für die Werbebotschaft, weil sie nicht unerwartet oder ungelegen kommt.

Personal Digital Assistant (PDA)

Mini-Computer im Taschenformat, mit dem der Benutzer Termine und Adressen verwalten oder E-Mails schreiben kann. Die Eingabe erfolgt häufig über einen berührungsempfindlichen Bildschirm und einen dazu passenden Stift. Auf dem Markt sind schon Modelle mit aufsteckbaren Digitalkameras, integrierten MP3-Spielern (→ **MP3**) oder ein PDA, der ins Mobiltelefon eingebaut ist. Der bekannteste Vertreter ist der „Palm Pilot".

Personal Firewall

Wie eine → **Firewall** in einem größeren Netzwerk, soll diese persönliche Brandschutzmauer einen privaten Computer vor Angriffen von → **Hackern** oder Viren (→ **Computervirus**) schützen. Eine Software überwacht dazu den Datenstrom vom und zum → **Internet Service Provider**. Eine Personal Firewall wird dann wichtig, wenn der private PC stundenlang oder sogar ständig (→ **Flatrate**) online ist.

Personal Information Management (PIM)

Wieder mal eine Software, die das Leben leichter machen soll: Programme organisieren den täglichen Informationsfluss auf einem → **Personal Digital Assistant** oder einem PC. Verabredungen, Termine, „To Do"-Listen, Einkaufszettel – alles kann damit verwaltet werden. Ein Mittel gegen → **Rational Overchoice**. Mittlerweile gibt es auch schon im Internet kostenlose PIM-Seiten, mit denen Betreiber von Websites ihre → **Stickiness** erhöhen wollen.

Pervasive Computing

Mit diesem Begriff bezeichnet man die Tatsache, dass Computer heute überall eingesetzt werden, besonders kleine tragbare Geräte, die Kommunikationsaufgaben erfüllen, wie z. B. der → **Personal Digital Assistent** oder auch das → **Smartphone**. → **Silicon Cockroach**

PGP

→ **Pretty Good Privacy**

Phantom Stock Plan

Mitarbeiterbeteiligung ohne Beteiligung: Bei einem derartigen Plan erhalten die Begünstigten nicht wirklich Aktien, sondern nur Scheinaktien. Diese folgen zwar auch dem Börsenkurs, können aber nicht an der Börse gehandelt werden. Die Gewinne werden mit dem Gehalt ausbezahlt.

Phrase Detection
„Satzerkennung"; von der Suchmaschine Altavista eingesetztes Verfahren. Es soll komplexe Begriffe auf deutschsprachigen Websites finden, ohne dass die Wörter bei der Eingabe durch Sonderzeichen verknüpft werden müssen.

PIBKAC
(Chat-/E-Mail-Kürzel) „problem is between keyboard and chair" = „das Problem liegt zwischen Tastatur und Stuhl"; mit anderen Worten: Der User ist schuld.

PIM
→ **Personal Information Management**

Pinguin
Logo des freien Betriebssystems → **Linux**, das sich als Stofftier bei Sammlern mittlerweile größter Beliebtheit erfreut. Der Name des Logos ist TUX (was sich angeblich zusammensetzt aus dem Namen des Linux-Erfinders Torvalds und dem Wort LinUX).

Pink Slip Party
Nichts Unanständiges: „Pink Slip" wird in den USA das Entlassungsschreiben genannt, weil es früher meist auf rosa Papier gedruckt war. Auf den „Pink Slip Parties" versammeln sich alle frisch entlassenen Mitarbeiter der → **Start-ups** und knüpfen Kontakte für den nächsten Job. Also ist diese Party eigentlich eine Art → **First Tuesday** für die Gefeuerten.

Pixel
„Picture Element"; so bezeichnet man den kleinsten Bildpunkt.

PLC
→ **Powerline Communication**

Plug-and-Play-Mitarbeiter
Neue Angestellte, die keine lange Einarbeitung benötigen. Der Begriff „Plug and Play" bezeichnet im Computerbereich Erweiterungsgeräte, die sofort betriebsbereit sind und ohne aufwändige Installation einer Software an den PC angeschlossen werden können.

Plug-in
Erweiterungsmodul für eine Software, mit der die Fähigkeiten eines Programms ausgedehnt werden. Der Begriff wurde von der Firma Netscape für die Zusatzprogramme ihres → **Browsers** gebraucht. Andere Firmen sprechen auch von einem Add in.

POD
→ **Point of Delivery**

Point of Delivery (POD)
„Lieferpunkt"; Ort, an dem eine bestellte Ware ausgeliefert wird. Zahlreiche E-Commerce-Betreiber setzen z. B. große Hoffnungen auf das Tankstellennetz. Weil es dicht ist und die meisten Tankstellen rund um die Uhr geöffnet sind, könnte ein Kunde seine bestellte Ware dort jederzeit abholen. Solche Abholmodelle sind auch billiger und personalsparender, als die → **letzte Meile** zu überwinden

und direkt an die Haustür des Kunden zu liefern.

Pop-up

Kleines Extra-Werbefenster, das beim Aufruf einer Seite ungefragt mitgeöffnet wird. Es bleibt auf dem Bildschirm, auch wenn der Benutzer längst weiter gesurft ist. Da hilft nur Wegklicken!

Portable Document Format (PDF)

Ein Dateiformat, das die Firma Adobe Systems entwickelt hat. Es ermöglicht, aufwändig gestaltete Dokumenten, die aus Texten, Bildern und Grafiken bestehen, über das Internet zu verschicken oder zum Herunterladen anzubieten. Auf dem Bildschirm oder dem Ausdruck stellen sich die Dokumente (mit dem Kürzel „.pdf") genauso dar, wie vom Absender beabsichtigt. Trickreich ist auch das Geschäftsmodell: Die Software zum Lesen der Dokumente (den „Acrobat Reader") verteilt das Unternehmen kostenlos, um sie möglichst weit zu verbreiten. Das Programm, das beispielsweise ein Textverarbeitungsdokument in ein PDF-Dokument verwandelt, muss bezahlt werden.

Portal

Internet-Angebot, das sich seinen Kunden als Einstiegsseite ins World Wide Web empfiehlt. Auf Portalen ist meist eine breite Palette an verschiedenen Themen dargeboten, die es möglichst allen Surfern recht machen sollen (horizontales Portal). Daneben gibt es aber auch vertikale Portale, die sich mit einem Themengebiet an eine klar umrissene Zielgruppe wenden. →**B2B**

Post Merger Management

Das „Management danach" ist bei einem Firmenzusammenschluss (= „Merger") mindestens genauso wichtig wie die Verhandlungen davor. Häufig kommt es nämlich nach einer Fusion zu einem regelrechten Mitarbeiterschwund und zu Problemen durch unterschiedliche Firmenkulturen.

Post Money Valuation

Bewertung einer Firma nach einer → **Finanzierungsrunde**.

Powerline Communication (PLC)

→ **Digital Powerline**

Pre Money Valuation

Bewertung einer Firma vor einer → **Finanzierungsrunde**.

Prefetcher

Software, die das Internet-Surfen beschleunigen soll. Sie durchstöbert eine Seite nach weiterführenden → **Links** und lädt die dazugehörenden Informationen schon mal vorsorglich herunter. Die Seiten können dann auch offline angesehen werden. → **Web Grabbing**

Pretty Good Privacy (PGP)

Populäres Programm zur Verschlüsselung von E-Mails.

Prinzip Garage

Angeblich wurden die meisten erfolgreichen Firmen mal in einer Garage gegründet. Das Prinzip Garage geht auf eine Werbekampagne des Unternehmens Hewlett Packard zurück. Darin war die Garage abgebildet, in der die Firma entstand. Gleichzeitig versuchte der Slogan „Back to the roots" den Start-up-Geist (→ **Start-up**) dieser Gründerzeit wieder zu beleben.

Produktzyklus

Von der Markteinführung bis zur Einstellung hat jede Ware oder Dienstleistung eine Art Lebenslauf, der unterschiedliche Marketingmaßnahmen erforderlich macht und anzeigt, wann Neuentwicklungen nötig sind, um konkurrenzfähig zu bleiben: Einführung, Wachstum, Reife und Degeneration. Ihnen zugeordnet sind verschiedene Typen von Konsumenten: Am Anfang kaufen vor allem die → **Innovators** und → **Early Adopters** ein Produkt, ihnen folgen die → **Early Majority** und die → **Late Majority**. Bei Marktsättigung sind nur noch die → **Laggards** zu erreichen.

Profiling

→ **Consumer Profiling**

proprietär

Software, Hardware, Dateiformate oder andere Komponenten, die einem eigenen Standard des Herstellers entsprechen. Proprietäre Produkte können nicht mit denen anderer Hersteller zusammenarbeiten. Wenn es einem Unternehmen gelingt, seinen Standard als allgemein verbindlich durchzusetzen, kann es eine hohe Markteintrittshürde für die Konkurrenz aufbauen. Andererseits können sich z. B. proprietäre Komponenten bei einem Produkt als Wettbewerbsnachteil erweisen. Dann setzen sich auch technisch unterlegene Konkurrenzprodukte durch (→ **betamaxen**).

Prosument

Verschmelzung aus „Produzent" und „Konsument". Bezeichnet die Tatsache, dass die Konsumenten durch Marktforschung und ähnliche Techniken immer stärker in die Entstehung und Herstellung eines neuen Produktes einbezogen werden. Außerdem können Produkte immer genauer auf die Wünsche des Einzelnen abgestimmt werden (→ **Customizing**). Der Autor Alvin Toffler („Power Shift") sieht dadurch sogar die seit der industriellen Revolution getrennten Rollen von Produzent und Konsument wieder vereinigt.

Public Affairs

Alles, was die Außenwahrnehmung eines Unternehmens beeinflussen kann. Weil diese auch für das Geschäft wichtig ist (→ **Brand Reputation Management**), beschäftigen viele Firmen PR-Agenturen oder eine eigene PR-Abteilung.

Public Domain

Software, deren Benutzung freigegeben wurde und deren Verbreitung keinen Einschränkungen unterliegt. Anders als bei → **Open Source** muss der Programmcode nicht veröffentlicht werden. → **Charityware**, → **Freeware**, → **Open Source**, → **Shareware**

Pure Play

Ein Unternehmen, das nur in einem Feld tätig ist (z. B. eine Restaurantkette) und nicht verschiedene, voneinander unabhängige Geschäfte betreibt. Im Online-Zeitalter meint man damit ein Unternehmen, das ausschließlich über das Internet handelt und nicht in der Welt aus Stein und Stahl präsent ist – im Unterschied zu einem Clicks and Mortar-Unternehmen (→ **Clicks and Mortar**).

Push

Technik, die es dem Betreiber einer Website ermöglicht, seine Seiten jederzeit zum Benutzer zu schieben („to push") – auch wenn dieser sie gar nicht angefragt hat. Der User erhält, wenn er online geht, eine Aktualisierung, die er offline lesen kann.

Put

Optionsgeschäft an der Börse. Gibt dem Anleger das Recht, eine bestimmte Aktie zu einem vorher festgelegten Zeitpunkt und zu einem fest vereinbarten Preis zu verkaufen. Sinkt der Kurs unter diese Preisschwelle, steigt der Wert des Puts. So lässt sich auch bei sinkenden Kursen Geld verdienen. Puts werden deswegen häufig zur Absicherung von Depots gegen fallende Kurse benutzt. Sie sind aber ein hochriskantes Spekulationsgeschäft. → **Call**

Quellcode

Text, der in einer Computersprache geschrieben ist. Der Quellcode ist die Basis einer Software. Wer ihn kennt, kann ein Programm umschreiben, weiterentwickeln und neue Funktionen einbauen. Kommerzielle Software-Produzenten machen aus dem Quellcode deshalb ein streng gehütetes Geheimnis. Open Source-Anhänger (→ **Open Source**) fordern dagegen offene Quellcodes.

Querdenken

Querdenken bedeutet kreatives Denken. Es ist nicht unbedingt auf die Qualität der Einfälle ausgerichtet, sondern auf eine Menge an ausgefallenen Ideen. Ein Mittel, wie Querdenken in Unternehmen eingesetzt wird, ist z. B. das Brainstorming. Es entwickelt Neues und stellt gleichzeitig Bestehendes in Frage. Viele Unternehmen haben deshalb Schwierigkeiten, die ungewöhnlichen Ideen in gewöhnliche Entscheidungsstrukturen zu integrieren.

Questionmark

Als „Fragezeichen" bezeichnet man Produkte, die in einem wachsenden Markt angesiedelt sind, deren Marktanteil aber nicht so hoch wie bei einem → **Star** ist. Die Kosten, um den Marktanteil zu halten oder auszubauen, sind enorm. Ein Unternehmen muss genau entscheiden, ob dieses Produkt das Potenzial zu einem Star hat und deswegen die hohen Ausgaben rechtfertigt, oder ob es zu einem → **Dog** wird. → **Cash Cow**

Quicktime

Von der Firma Apple entwickelte Software zum Abspielen von Audio- und Videodateien. Quicktime-Filme haben in der Regel eine deutlich bessere Qualität als ein → **Streaming**. Sie müssen aber erst auf den Rechner heruntergeladen werden.

QWERTY

So bezeichnet man die anglo-amerikanische Tastatur, bei der im Vergleich zur deutschen die Buchstaben „Y" und „Z" vertauscht sind.

Raider

Manche können sich noch daran erinnern, dass so mal ein Schokoriegel hieß; Unternehmer sollten auf alle Fälle wissen, dass man so den Firmenkäufer nennt, der ein Unternehmen gegen den erklärten Willen der Geschäftsleitung übernehmen will.

Rational Overchoice

Die rasante Zunahme verfügbarer Informationen. Selbst bei größter Anstrengung kann der Einzelne nicht mehr alle für die Lösung eines Problems relevanten Informationen verarbeiten. Deshalb wird versucht, mit technischen Filtern (→ **Intelligent Agent**) den Informationsfluss zu kanalisieren. Wenn das nicht gelingt, droht das → **Information Fatigue Syndrome**.

Read Only Memory (ROM)

Speicherbausteine mit festem Inhalt, die vom User nur gelesen, nicht aber verändert werden können.

Read-only User

Internet-Benutzer, der sich bei einem → **Chat** oder in einer → **Newsgroup** nicht zu Wort meldet, sondern nur die Einträge der anderen liest.

Real Media (RM)

Eigenes Format für Videodateien (sie tragen die Erweiterung („.rm"). Damit können Filme schon während des Ladens aus dem Internet betrachtet werden (→ **Streaming**).

Real-Time Marketing

„Echtzeitmarketing"; der Kunde erhält die Marketinginformation sofort, nachdem er seine Wünsche oder Bedürfnisse preisgegeben hat. → **Interaktives Marketing**

Recurving

„Einen Job verlassen, um einen anderen aufzunehmen, der zwar niedriger dotiert ist, es dafür aber ermöglicht, sich wieder einem Lernprozess zu ergeben." (Douglas Coupland: „Generation X", Galgenberg 1991)

Red Flag

→ **Amber Light**

Redirect

„Umetikettierer" von Internet-Adressen. Das ist gerade bei privaten Homepages von kostenlosen Anbietern sehr nützlich. Dort ist die Adresse nämlich oft eine unendlich lange Unteradresse des Anbieters. Mit einem Redirect kann man eine einprägsame Adresse aussuchen, die Besucher an die Originaladresse weiterleitet.

Referrers

Information, die ein Webbrowser an → **Advertising Networks** oder andere Marketingeinrichtungen weitergibt, während der Benutzer surft. Diese Referrers werden benutzt um Kundenprofile zu erstellen. → **Cookies**, → **Consumer Profiling**, → **Targeting**

Relaunch

Neustart/Neupositionierung eines Produkts oder einer Marke. Kommt ursprünglich aus dem Zeitungsbereich und meint eine veränderte Aufmachung eines eingeführten Titels im Hinblick auf Layout und Inhalt. → **Launch**, → **Weblift**

Remailer

Service, der das anonyme Verschicken von E-Mails ermöglicht. Die Angaben können also nicht für Marketingzwecke genutzt werden. → **Spam**, → **Address Munging**

Request for Comments (RFC)

Eine Sammlung von Artikeln und Dokumenten, die die gültigen Standards, aber auch allgemeine Themen rund um das Internet enthalten. Zunächst werden sie von der → **Internet Engineering Task Force** zur Diskussion gestellt (mit der „Bitte um Kommentar/Stellungnahme").

Re-Start-up

Firmengründung von Unternehmern, die mit einer ersten Start-up-Idee gescheitert sind. Vorteil eines solchen Neuanfangs kann sein, dass die Betroffenen bereits Erfahrungen gesammelt haben und außerdem auf gute Kontakte zurückgreifen können. → **Kultur des Scheiterns**

Retroware

Software, die zwei bis drei Versionen älter ist als die aktuell vermarktete. User kehren manchmal zu solchen älteren Ausgaben zurück, weil sie damit vertraut sind, die alte Software weniger Speicherplatz belegt und die Programmierer dieser früheren Version noch nicht der → **Featuritis** verfallen waren.

Return on Investment (ROI)

Verhältnis vom Nettogewinn zum eingesetzten Kapital. Der ROI ist ein Maßstab für die Rentabilität einer Investition und macht unterschiedliche Anlagemöglichkeiten vergleichbar. Diejenige mit dem höchsten ROI ist die Beste.

Revenue Model

„Ertragsmodell"; der Teil des Geschäfts, der die Einnahmen bringt. Viele → **Start-ups** haben ihr Revenue Model am Anfang sträflich vernachlässigt und finden sich jetzt als → **Deadcoms** wieder.

Rewebber

Dienst, der beim Surfen im Internet zwischengeschaltet werden kann, um keine Spuren zu hinterlassen. Dadurch wird → **User Tracking** unmöglich.

RFC

→ **Request for Comments**

RFD

(Chat-/E-Mail-Kürzel) „request for discussion“ = „Diskussionsbedarf“

Rich Media

Oberbegriff für Töne und bewegte Bilder auf einer Internet-Seite; im Gegensatz zu reinem Text und Grafiken, die man dann wohl als „Poor Media“ bezeichnen müsste. Rich Media kann mit verschiedenen Techniken erzeugt werden, z. B. durch → **Flash** oder → **Animated GIFs**.

Ripper

Software, mit der man Musik von einer CD ins WAV-Format (→ **WAV**) verwandeln und im Computer speichern kann. Meistens bleibt es aber nicht dabei: Die WAV-Datei wird in ein → **MP3** verwandelt und über das Internet getauscht.

RM

→ **Real Media**

Rocket Science

„Raketenwissenschaft“ (so die wörtliche Übersetzung) muss nicht unbedingt dahinter stecken. Von „Rocket Science“ ist die Rede, wenn eine Firma eine echte technische Neuerung zu bieten hat und nicht nur eine theoretische Geschäftsidee. Das kann z. B. eine bahnbrechende Software-Entwicklung sein.

ROFL; ROTFL

(Chat-/E-Mail-Kürzel) „rolling on (the) floor laughing“ = „ich wälze mich vor Lachen auf dem Boden“

ROI

→ **Return on Investment**

ROM

→ **Read Only Memory**

Router

Hardware und Software, die im Internet dafür sorgt, dass die Datenpakete von einem Netz ins andere gelangen (denn das Internet ist ja ein Verbund von zahlreichen Netzwerken). Dabei suchen die Router immer den kürzesten Weg. Nur wenn der verstopft ist, kann es sein, dass ein Datenpaket einmal um den Globus wandert.

S/MIME

→ **Secure Multipurpose Internet Mail Extension**

S4L

(Chat-/E-Mail-Kürzel) „spam for life" = „lebenslang → **Spam**"; dies droht dem Nutzer nach dem Eintrag seiner E-Mail-Adresse auf manchen Websites.

Salami-Angriff

Äußerst hinterlistige Hacker-Attacke (→ **Hacker**), die aus vielen kleinen, schwer zu entdeckenden Angriffen besteht. Das System wird sozusagen scheibchenweise, wie bei einer Salami, schleichend lahmgelegt.

Samurai

Ein → **Hacker**, der angeheuert wird, um ganz legal ein Firmensystem auf interne Sicherheitslücken zu testen. → **Tiger Team**

Sanduhr- Modus

Der Computer befindet sich dann im Sanduhr-Modus, wenn man davor sitzt und wartet, dass ein Programm ausgeführt oder eine Seite geladen wird. Der Begriff kommt von dem kleinen Sanduhr-Symbol, das das Betriebssystem Windows einblendet, wenn der Computer arbeitet.

Santa Claus Rally

Der „Weihnachtsmann-Kursanstieg" ist das häufig beobachtete Phänomen, dass die Aktienkurse zwischen Weihnachten und Neujahr einen Sprung machen.

Saturday Night Special

Dies kann bei manchen Unternehmen ein „Saturday Night Fever" auslösen. Denn dann sind sie Ziel einer Übernahme und der Käufer macht sein Angebot Samstagnacht, wenn alle Börsen geschlossen sind. Das Unternehmen, das übernommen werden soll, hat kaum Möglichkeiten zur Gegenwehr und am Montag wirkt sich die Neuigkeit natürlich stark auf den Eröffnungskurs der Aktie aus.

S- Commerce

Das „S" steht für „secure" und meint sicheren → **E-Commerce**, bei dem eine besondere Verschlüsselungstechnik benutzt wird.

Scorched Earth Policy

Die „Politik der verbrannten Erde" sieht bei feindlichen Übernahmen so aus, dass das bedrohte Unternehmen versucht, sich so wertlos wie möglich zu machen und einen Teil seines verfügbaren Vermögens im Extremfall sogar schnell noch veräußert.

Screenager

Teenager, der in einer Welt voller Bildschirme (= „screens") aufgewachsen ist und deswegen in der Lage ist, mit Computern und ähnlicher Technik problemlos umzugehen.

Script Kiddy

Unerfahrener, junger → **Cracker**, der versucht, mit einfachen Programmen (= „scripts") ein Computersystem zu stören oder gar zum Absturz zu bringen.

SDMI
→ **Secure Digital Music Initiative**

Searchjacking
Verschmelzung von „to search" (= „suchen") und „to hijack" (=„entführen"). Dahinter verbirgt sich die Praxis, überflüssige aber häufig gesuchte Begriffe in einer Seite oder den → **Meta-Tags** unterzubringen. So erscheint die Website bei einer Suche nach diesen Begriffen und wird auf diese Weise häufiger angeklickt. → **Spoofing**

Second Level
→ **Domain**

Second Stage-Finanzierung
Zweite → **Finanzierungsrunde**, nachdem die Firma präsent und das Produkt im Markt eingeführt ist.

Secondary Purchase
→ **Exit**

Secure Digital Music Initiative (SDMI)
Zusammenschluss von Unternehmen der Musik- und Computerbranche gegen Raubkopien. Die SDMI will mit einem eigenen Standard zur Verbreitung von digitaler Musik dem beliebten → **MP3** und Tauschbörsen wie → **Napster** oder → **Gnutella** Einhalt gebieten.

Secure Electronic Transaction (SET)
Verfahren zur sicheren Bezahlung mit Kreditkarten im Internet. Entscheidend ist, dass dabei nicht die Kreditkartennummer übertragen wird, sondern eine persönliche → **digitale Signatur**. SET ist ein asymmetrisches Verschlüsselungsverfahren. D. h., nur ein Teil des Schlüssels wird über das Netz geschickt, der Rest liegt z. B. bei einer Bank. Da dafür eine Menge Software nötig ist, die nur wenige → **Browser** von Haus aus mitbringen, hat sich SET bisher nicht auf breiter Front durchgesetzt. → **Cyberfraud**, → **Kryptographie**, → **Secure Socket Layer**

Secure Multipurpose Internet Mail Extension (S/MIME)
Weiterentwicklung von → **MIME**, dem Datenstandard, in den E-Mails beim Verschicken umgewandelt werden. Bei S/MIME sind die Daten zusätzlich verschlüsselt, sie können also bei der Übertragung nicht von Dritten mitgelesen werden. → **Kryptographie**, → **Pretty Good Privacy**

Secure Socket Layer (SSL)
Gängiges Verschlüsselungsverfahren, das vor allem zur sicheren Übermittlung von Kreditkartendaten im Internet verwendet wird. Benutzer erkennen die Verwendung von SSL daran, dass die Internet-Adresse mit → **https** beginnt, statt einfach nur mit → **http**. Sender und Empfänger verwenden den gleichen, 128 → **Bit** langen Schlüssel. Nach heutigem Standard ist der Code damit zwar äußerst schwer zu knacken, eine zusätzliche Sicherheitshürde gibt es aber nicht. Deswegen gelten asymmetrische Ver-

fahren wie → **Secure Electronic Transaction** als zukunftsträchtiger.

Seed Capital

Zum Zeitpunkt der „Anfangsfinanzierung“ liegt lediglich die Geschäftsidee vor. Durch das Seed Capital soll diese start-up-fähig (→ **Start-up**) werden. Dafür greift der Gründer häufig auf sein eigenes Kapital zurück oder fragt → **Family, Friends and Fools** nach Unterstützung. Möglicherweise findet sich auch ein → **Business Angel**. Für Venture Capital-Geber (→ **Venture Capital**) sind die Summen, um die es dabei geht, meist zu klein, um den Prüfungsaufwand zu rechtfertigen.

Serienkiller-Application

Steigerung der → **Killer**. Gemeint ist die Application eines Produkts, die so beschaffen ist, dass Menschen das Produkt unbedingt kaufen möchten oder eine neue Technik sofort annehmen.

Server Farm

Raum, in dem mehrere Server untergebracht sind, die zusammenarbeiten. Für den → **Client** entsteht der Eindruck, nur mit einem Server zu kommunizieren. Ausfälle eines einzelnen Servers können durch die anderen abgefangen werden.

Servlet

Kleine Programme, in der Programmiersprache → **Java** geschrieben. Sie sind verwandt mit den → **Applets** und ermglichen interaktive Internet-Seiten. Im Gegensatz zu den Applets sind die Servlets aber nicht im → **Browser** des Users gespeichert, sondern werden vom Server abgerufen.

SET

→ **Secure Electronic Transaction**

SF

(Chat-/E-Mail-Kürzel) „Surfer friendly" = „surferfreundlich"; so bezeichnet man Internet-Seiten mit wenig Grafik, die sich schnell laden lassen.

Shareholder Value

Ausrichtung einer Unternehmensstrategie auf ein einziges Ziel: die Wertsteigerung für die Aktionäre (= Shareholder).

Shareware

Software, die von ihrem Entwickler frei zur Verfügung gestellt wird. Anders als bei → **Freeware** wird aber die freiwillige Zahlung eines kleinen Betrags erwartet. Der Benutzer wird dafür registriert und erhält Serviceleistungen wie Informationen über Updates etc. → **Open Source**, → **Public Domain**

Shill Bidding

Das provozierte Hochbieten bei Versteigerungen, das vor allem im Internet leicht möglich ist. Der Auktionator treibt so den Preis und damit seinen Profit in die Höhe.

Shockwave

Dateiformat für Multimedia-Anwendungen. Erkennbar an der Endung „.wav“.

Shopping Bots
Software, die die Preislisten von Online-Geschäften durchstöbert und vergleicht, damit der Käufer das billigste Angebot finden kann. → **Intelligent Agent**

Short Message Service (SMS)
Textnachrichten, die über das Mobiltelefon verschickt werden. Die Möglichkeit wurde mit dem Mobilfunkstandard → **GSM** 1991 in Europa eingeführt. Mittlerweile können die Mitteilungen auch von bestimmten Internet-Seiten aus verschickt werden oder an E-Mail-Adressen gehen. → **simsen**

Short Position/Short Sale
„Blankoverkauf"; Termingeschäft, bei dem auf fallende Kurse spekuliert wird. Dabei stellt ein Marktteilnehmer eine Aktie zum Verkauf, die er noch gar nicht besitzt (und geht damit eine Short Position ein). Der Short Seller verpflichtet sich, die Aktie zu einem festgelegten Zeitpunkt zu kaufen und dadurch die Position wieder zu schließen. Wegen der Unberechenbarkeit der Börse ein sehr riskantes Geschäft.

Shovelware
„Schaufelware"; Inhalt, der von irgendwoher genommen und ohne Bearbeitung so schnell wie möglich ins Netz „geschaufelt" wird.

Silent Commerce
Transaktion von Rechner zu Rechner, ohne Eingriff des Menschen. So könnte z. B. der Computer des Herstellers beim Zulieferer automatisch den benötigten Nachschub bestellen, Auftragsabwicklung, Rechnungsstellung, selbst die Bezahlung ließen sich automatisieren. Ein anderes häufig genanntes Beispiel für Silent Commerce ist der Kühlschrank, der selbstständig Lebensmittel nachbestellt. Entsprechende Systeme sind noch in der Testphase.

Silicon Alley
Wortspiel mit → **Silicon Valley**. Es bezeichnet die New Yorker Szene der Internet-Start-ups (→ **Start-up**).

Silicon Cockroach
„Silikon-Schabe" ist eine andere, scherzhafte Bezeichnung für die Geräte des → **Pervasive Computing**, wie z. B. den → **Personal Digital Assistant**. Sie stammt von dem Netzwerk-Experten John Sidgemore.

Silicon Valley
Spitzname für eine Region in Kalifornien, die sich in etwa von San Jose nach Palo Alto erstreckt. Der Legende nach liegt hier der Ursprung der Computerindustrie (daher das „Silicon", denn daraus werden die Computerchips hergestellt). Tatsache ist, dass sich dort mittlerweile die weltweit größte Dichte an Computer-, Software- und Internet-Firmen findet. „Silicon Valley" ist zu einem Synonym für die Computerindustrie geworden.

Siliconaire
Verschmelzung von →„**Silicon Valley**" und „millionaire". So werden jun-

ge Unternehmer oder Angestellte genannt, die durch die Aktienoptionen ihres Computer-/Internet-Unternehmens zu Millionären geworden sind.

Silver Customer

Wörtlich: „Silberner Kunde"; silbergrau sind seine Schläfen und versilbern soll er das Geschäft eines Werbetreibenden. Mit der wachsenden Überalterung der Gesellschaft gerät die Zielgruppe der über Fünfzigjährigen ins Visier der Wirtschaft. Und auf einmal stellt man fest, dass die Silver Customers über beträchtliches Vermögen verfügen und auch bereit sind, es auszugeben.

simsen

Verschicken von Textnachrichten über das Mobiltelefon. Das Wort kommt von der Bezeichnung für diese Nachrichten: SMS (→ **Short Message Service**).

Sitelet

Kleiner Teil eines Internet-Angebots mit einem eigenen Thema und einem eigenen Layout. Häufig zu Werbezwecken eingesetzt. → **Microsite**

Skalierbarkeit

Fähigkeit von Computern oder Software, sich wachsenden Ansprüchen anzupassen. Bezogen auf Produkte oder Dienstleistungen bezeichnet der Begriff „Skalierbarkeit" auch die Möglichkeit, diese „Handelswaren" ohne große Kosten auf andere Märkte auszudehnen. Eine Website, die in einem Land ein großer Erfolg ist, lässt sich z. B. leicht übersetzen und in anderen Ländern Gewinn bringend vermarkten. Sie ist ein skalierbares Produkt.

Skillkill

„Töten von Fähigkeiten"; ein Job, der so anspruchslos ist, dass er den Ausübenden verdummen lässt.

Skunkworks

Ursprünglich bezeichnete man damit eine illegale Schnapsbrennerei. Heute ist ein Skunkworks-Team eine kleine, kreative Mannschaft von Querdenkern (→ **Querdenken**), die eine ungewöhnliche Lösung für ein Problem finden sollen. Häufig wird ihre Arbeit vom Unternehmen geheim gehalten, bis erste Erfolge abzusehen sind.

Smart Living

Bezeichnung für das „intelligente Haus", das durch den massiven Einsatz von Mikroelektronik das Leben angenehmer machen soll. So lassen sich alle Geräte von der Klimaanlage bis zur Kaffeemaschine drahtlos vernetzen (z. B. per → **Bluetooth**) und per Mobiltelefon fernsteuern.

Smart Money

„Kluges Geld" gibt es eigentlich nicht; wenn aber ein Kapitalgeber außer seinen Investitionen auch Ideen, Erfahrung und gute Ratschläge mitbringen kann, dann hat ein Unternehmen Smart Money gefunden. Bei einem derartigen Investment spricht man auch von → **Venture Management**.

Smartcard
So werden Plastikkarten mit integriertem Chip bezeichnet. Auf Eurocheque-Karten sind diese Chips zur bargeldlosen Bezahlung schon seit längerer Zeit integriert. Auch auf einigen Kreditkarten tauchen sie mittlerweile auf.

Smartphone
Neue Generation von Mobiltelefonen, die eine Vielzahl von Funktionen integrieren, beispielsweise einen → **Personal Digital Assistant** oder einen MP3-Player (→ **MP3**).

SMS
→ **Short Message Service**

Snailmail
„Schneckenpost"; ironischer Ausdruck für das klassische Postwesen, bei dem die Briefe noch per Hand ausgeliefert werden. Snailmail ist das Gegenstück zur E-Mail, bei der sich Texte in Sekundenschnelle weltweit verschicken lassen.

Sneakernet
Scherzhafte Bezeichnung für die Datenübertragung mit einem tragbaren Speichermedium, z. B. einer Diskette, von einem Computer zum anderen. Der Begriff spielt auf die Turnschuhe (= „sneaker") an, mit denen man die Daten dann zum Zielcomputer trägt.

Sniffer
„Schnüffler" werden Programme genannt, die an der Netzwerkkarte sitzen und alle ankommenden und abgehenden Datenpakete auswerten. Sie sind für Netzwerkadministratoren wichtig. Manchmal werden sie aber auch von → **Hackern** eingesetzt, weil die Sniffer auch unverschlüsselt übertragene Passwörter erkennen.

Soft Money
Geld, das ohne Anspruch auf Gewinn investiert wird. Unternehmensgründer erhalten es, ohne sich dem Investor gegenüber zu einer Mindestrendite zu verpflichten. Kapitalgeber sind dabei meist nicht private → **Venture Capitalists**, sondern staatliche Existenzgründerprogramme. Von Soft Money spricht man auch, wenn ein Unternehmen für soziale Zwecke spendet.

Software-Piraterie
Illegales Kopieren, Verbreiten und Benutzen von kommerzieller Software. Schätzungen gehen davon aus, dass bis zu 40 Prozent aller weltweit benutzten Programme unrechtmäßig im Einsatz sind. → **Crack**, → **Freeware**, → **Shareware**

Sonifikation
Die Unterlegung der Homepage mit Hintergrundmusik. Angeblich – so wollen Studien herausgefunden haben – bleiben die Surfer dann länger auf der Seite. Die Musik erhöht also die → **Stickiness**.

Source Code
→ **Quellcode**

Spam
Das sind unverlangt zugesandte Werbe-E-Mails (→ **Ad Mail**). Ähnlich wie

eine Postwurfsendung. Weil aber elektronische Post soviel einfacher und billiger zu verschicken ist, wird bei manchen Kunden der E-Mail-Eingang geradezu überflutet. Für die Herkunft des Begriffs gibt es zwei Erklärungen: Zum einen könnte es aus „to spill over" (überlaufen) und „to cram" (verstopfen) zusammengesetzt sein. Zum anderen gibt es eine Dosenfleischmarke gleichen Namens, bei der sich das Wort aus „spiced" (gewürzt) und „ham" (Schinken) zusammensetzt. Da das Produkt minderer Qualität ist, bietet sich die Namensübertragung auf die unerwünschten und unangenehmen Werbe-E-Mails geradezu an.

Spam-Blocking

→ **Address-Munging**

Spamdexing

Verschmelzung von → **Spam** und „indexing" (= „Katalogisierung"). Technik, um mit einer → **Website** in einer Suchmaschine möglichst weit oben aufgeführt zu werden. Dafür wird in dem Seitenkopf ein Schlüsselwort bis zu hundert Mal eingegeben. Die Suchmaschine glaubt so, dass die Seite für dieses Thema besonders wichtig ist.

Spamoflage

Verschmelzung von → **Spam** und „camouflage" (= „Tarnung"). Alle Methoden, die Versender von unaufgefordert zugesandter E-Mail-Werbung benutzen, um ihre Absicht zu verschleiern. Dazu gehört z. B., dass „Danke für Deine Nachricht" in die Betreffzeile des Empfängers geschrieben wird.

Spinnwebsite

Über einen solchen Internet-Auftritt legt sich der virtuelle Staub: Seit Ewigkeiten haben die Verantwortlichen einer solchen Site die Inhalte nicht mehr aktualisiert, die Links verweisen ins Nichts und die Informationen sind veraltet. → **Kilroy-Site**

Spin-off

Geschäftliche Abtrennung einzelner Bereiche vom Mutterhaus. Zwei Anlässe gibt es dafür: Ein Produkt oder eine Abteilung passt nicht mehr zum Unternehmen. Oder: Das Produkt ist so stark, dass es z. B. durch einen Börsengang mehr Profit bringt. Noch dazu, weil dann der Kapitalbedarf auf dem freien Markt gedeckt werden kann und gleichzeitig der Verkauf von Produkten und Dienstleistungen auch an direkte Konkurrenten der Muttergesellschaft möglich wird.

Splash- Page

→ **Interstitial**

Spod

Gleiche Bedeutung wie → **Nerd**.

Spoofing

Engl. „Schwindeln, Austricksen"; von manchen Teilnehmern des Internets werden absichtlich Fehlinformationen auf Websites veröffentlicht. Der Grund für diese Irreführung ist meist nicht das gezielte Betrügen anderer

User, sondern vielmehr der Versuch, sich durch die falschen Angaben einen Eintrag an der Spitze einer Suchmaschine zu sichern. Auch: Wenn sich jemand des Namens eines anderen beim Chatten (→ **Chat**) bedient.

Spracherkennung

Technische Entwicklung, die es ermöglichen soll, dass Geräte dem Benutzer „aufs Wort gehorchen". Bisher funktioniert diese Technik am besten mit einer vorher festgelegten Liste von Befehlen, Wissenschaftler arbeiten aber konstant an einer Verbesserung der benötigten Software. Ziel ist es, dass die Spracherkennungsprogramme frei gesprochene Anweisungen in sinnvolle Aktionen umsetzen.

Sprite

Engl. für „Fee": Animierte Figur in einer Web-Grafik; vom Lateinischen „spiritus" („Geist").

Spyware

„Spion-Software" ist ein Oberbegriff für alle Programme, die entweder mit oder ohne Wissen des Users dessen persönliche Daten sammeln. → **Cookies**, → **Data Mining**

SSL

→ **Secure Socket Layer**

Star

Produkt mit einem hohen Marktanteil in einem wachsenden Markt. Die Ausgaben, um diesen Anteil zu halten, sind aufgrund der Konkurrenzsituation sehr groß. Ein Unternehmen kann sich trotzdem dafür entscheiden, weil die Stars von heute morgen vielleicht → **Cash Cows** sind.

Start-out

Eigentlich das Gleiche wie ein → **Start-up**, nur wird ein Start-out von einem schon bestehenden Unternehmen gegründet. Die Firmen versprechen sich davon kreative Impulse durch den Gründergeist. → **Prinzip Garage**

Start-up

Auch wenn der Begriff fast schon mystifiziert wird: Er heißt nichts anderes als „Unternehmensgründung". Gemeint sind aber in der Regel Firmen, die in der IT- oder Internet-Branche tätig sind und die von oft jungen Unternehmern gegründet werden.

Steganographie

Verschlüsselungsverfahren, bei dem die eigentliche Information in anderen Daten versteckt wird. So kann ein digitalisierter Text z. B. in einer Bilddatei verschwinden und nur vom Inhaber des Decodier-Schlüssels wieder ausgelesen werden. → **Kryptographie**

Stickiness

„Klebrigkeit"; die Summe der Qualitäten einer Website, die den Kunden zum bleiben veranlassen – z. B. ein → **Chat** oder ein Gewinnspiel. In den Zeiten von → **Rational Overchoice** erhöht sich so die Verweildauer – und natürlich auch die Chance, dass Werbebanner betrachtet werden. Deswegen kann eine Website mit hoher „Stickiness" ihre → **Banner** teurer verkaufen.

Stock Options

„Aktienoptionen"; Modell der Mitarbeiterbeteiligung: Statt mehr Geld gibt es Aktien des eigenen Unternehmens. Einige US-Firmen haben bei Managern die Entlohnung fast gänzlich auf Aktien umgestellt. Bei guten Börsenkursen macht das die Beteiligten schnell zu Millionären. Bei fallenden Kursen kann es dazu führen, dass der Chef auf einmal weniger verdient als die unteren Angestellten.

Streamies

Leute, die Internet-Radios und andere → **Streamings** im Netz hören.

Streaming

Wörtlich: „Strömen"; Technik, die es erlaubt, Filme oder Töne in Echtzeit über das Internet zu verbreiten. Dazu wird ein Film komprimiert und in einzelne Datenpakete zerlegt. Während das erste Datenpaket schon im Programmfenster abgespielt wird, lädt der Computer die anderen im Hintergrund nach. Es entsteht ein kontinuierlicher Datenstrom, der Stream.

Sub-Brand

„Untermarke", die unter dem Dach einer bereits eingeführte Marke bekannt gemacht wird. So sollen z. B. Zielgruppen erreicht werden, die nicht direkt mit dem Image der Dachmarke übereinstimmen. Die Sub-Brand kann dann ein junges, flippiges Produkt sein, das mit dem Hinweis „by XY" mit einer bekannten Marke im Hintergrund in Zusammenhang gebracht wird.

Submission

Der Antrag, eine Internet-Adresse im Verzeichnis einer Suchmaschine einzutragen. Bei Suchmaschinen mit einer Redaktion wird die Website vorher überprüft. Weil viele Treffer in Suchmaschinen den Bekanntheitsgrad eines Internet-Angebots erhöhen, bieten mittlerweile schon Submission Services ihre Dienste an und versprechen Hilfe beim Eintragen.

Sucksite

Website, die auf die Misserfolge gescheiterter → **Start-ups** aufmerksam macht. Sie präsentiert z. B. so genannte „Todeslisten" von Internet-Firmen, die demnächst bankrott gehen. Häufig werden solche Seiten von entlassenen Mitarbeitern eines Start-ups erstellt. Die bekannteste Sucksite ist „www.fuckedcompany.com".

Super Bowl Indicator

Eine Bauernregel der US-Börse. Sie besagt, dass der Aktienmarkt im kommenden Jahr nach unten geht, wenn ein Team aus der alten AFL (American Football League) die Meisterschaft im American Football gewinnt. Umgekehrt steigen die Kurse, wenn eine Mannschaft aus der NFL (National Football League) siegt. Dieser Indikator hatte bisher eine Trefferquote von über 80 Prozent.

Supply Chain Management

Diese spezielle Form des Managements ist verantwortlich für die Organisation und den reibungslosen Ablauf der Liefertätigkeiten zwischen dem Unternehmen und seinen Kunden. Da viele Betriebe mittlerweile ihre Lagerhaltung aus Kostengründen stark reduziert haben, ist es die wichtigste Aufgabe des Supply Chain Managements, dass keine Lücken in der Lieferung entstehen. Denn das hätte beim Kunden einen teuren Produktionsausfall oder leere Regale zur Folge. Mit Informationstechnik (z. B. automatischen Rückmeldungen von Bedarfszahlen) versucht das Supply Chain Management diese Probleme in den Griff zu bekommen.

Synergie

Vorteil, der durch das gemeinsame Nutzen vorhandener Ressourcen entsteht. Zwei Einheiten sollen dadurch zusammen wesentlich mehr schaffen als zwei jeweils getrennte Einheiten („1+1= 3-Effekt"). Vor allem Firmenfusionen werden häufig mit Synergieeffekten begründet, wie z. B. gemeinsames Marketing, bessere Ausnutzung von Entwicklungskapazitäten oder leichtere Finanzierungsmöglichkeiten als größere Unternehmenseinheit. In der Praxis sind solche Effekte aber schwierig zu realisieren. Gegenteil von → **Wheel Reinventions**.

Sys Op

Kurzform von „System Operator"; Betreuer eines Computersystems, z. B. in einem Unternehmen.

Tag(ged) Image File Format (TIFF)

Ein weit verbreiteter und sehr flexibler Standard zum Speichern von Bildinformationen beim → **Desktop Publishing**. TIFF-Dateien sind meist mit der Endung „.tif" oder „.tiff" versehen.

TANSTAAFL

(Chat-/E-Mail-Kürzel) „There ain't no such thing as a free lunch", was so viel bedeutet wie: „Im Leben kriegt man nichts geschenkt" oder „Wo ist der Haken?"

Target

„Ziel"; Unternehmen, das ins Fadenkreuz einer feindlichen Übernahme gerät.

Targeting

Marketing, das speziell und trennscharf auf eine Zielgruppe zugeschnitten ist. → **Customizing**, → **One-to-One-Marketing**

T- Commerce

Handel über den Fernseher als Distributions- und Vermarktungsmedium. Weil Fachleute in Zukunft die Verschmelzung von Internet- und Fernsehdiensten sowie Breitband-Verbindungen mit hohen Übertragungsraten erwarten, wird interaktives Fernsehen möglich. Dadurch eröffnen sich neue Marketingmöglichkeiten: z. B. ein Werbespot, bei dem der Zuschauer mit einem Klick weitere Informationen zum Produkt erhält und auch direkt bestellen und bezahlen kann, ohne aufstehen zu müssen.

TCP
→ **Transmission Control Protocol**

Teaser
„Anreißer", „Heißmacher"; bei Radio oder Fernsehen der Hinweis auf ein gleich folgendes Programmelement („Gleich nach der Werbung sehen Sie ..."), um dem Abschalten während der Werbepause vorzubeugen. In der Werbung eine Kampagne, bei der zunächst unklar ist, um welches Produkt es geht. Ein Teaser soll Neugier wecken, bis dann in der Hauptkampagne das Rätsel um das Produkt aufgelöst wird.

Techno Strike
Gewerkschaftsaktion, bei der die Arbeiter das Unternehmen mit E-Mails und Anfragen an den Server bombardieren, um das Computersystem zum Absturz zu bringen – also eine gewerkschaftlich motivierte → **Denial-of-Service-Attacke**.

Techno-Stress
Nebenwirkung des → **Rational Overchoice**. Auf den ständig wachsenden und immer schneller werdenden Strom an Informationen reagieren manche Menschen nach Beobachtung des kalifornischen Psychologen Larry D. Rosen mit einer Art Informations-Sucht: Sie kontrollieren ständig ihre E-Mails, hängen pausenlos am (Mobil-)Telefon, aus Angst, etwas zu verpassen. Die Folgen sind auch körperlich messbar: z. B. eine beschleunigte Herzfrequenz oder ein erhöhter Adrenalinspiegel.

Tekkie
Liebevoll-spöttische Bezeichnung für Technikexperten und Computerfreaks. Das positive Gegenstück zum → **Nerd**.

Telco
Eine häufige Abkürzung für Telekommunikationsunternehmen. So sagt man z. B. „Die Aktienkurse der Telcos sind heute wieder gestiegen."

Telearbeit
Arbeitsform, bei der der Mitarbeiter nicht im Büro sitzt, sondern daheim per Computer Zugriff auf die wichtigsten Daten im Unternehmen hat.

Telecommuting
→ **Telearbeit**

Telemedizin
Ärztliche Beratung und sogar Operationen, die auch über weite Entfernungen ausgeführt werden. Nötig hierfür sind breitbandige Datenverbindungen und hochpräzise Operationsroboter. Noch ist die entsprechende Technik allerdings nicht einsatzbereit.

Teleworkaholic
Ein Telearbeiter (→ **Telearbeit**), dessen Beschäftigung zur Sucht wird. Da die soziale Kontrolle der Kollegen fehlt, ist das häufiger der Fall als bei einem „normalen" Bürojob.

Template
„Seitenvorlage"; Templates vereinfachen und vereinheitlichen Web-

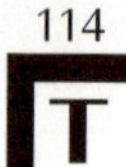

Design, weil in die fertige Vorlage nur noch die jeweiligen Inhalte eingefügt werden müssen.

Tenbagger

Aktie, die eine zehnfache Wertsteigerung erfährt. Der Begriff stammt von Peter Lynch, einem der erfolgreichsten Anleger aller Zeiten.

TEOTWAWKI

(Chat-/E-Mail-Kürzel) „The end of the world as we know it" = „Das Ende der Welt, wie wir sie kennen". Bezeichnung für alle möglichen Zustände des Chaos und der Verwirrung.

Termsheet

Eine Art Vorvertrag bei einer Unternehmensübernahme (→ **Akquisition**) oder einer Investition. Der Geldgeber steckt damit den Umfang seines Engagements ab. Gemeinsam mit dem Unternehmen legt er die wichtigsten Schritte für die künftige Entwicklung fest. → **Letter of Intent**

Text on nine keys (T9)

System, das die Texteingabe auf neun Nummerntasten des Mobiltelefons vereinfacht und damit auch das → **Simsen**.

Think Tools

Techniken, die komplexe Denkprozesse softwaregestützt sichtbar machen. Dadurch sind diese Prozesse nachvollziehbar und können eingesetzt werden, um neues Wissen zu erzeugen. → **Knowledge-Management**

Third Place

Der „dritte Platz" eines Arbeitnehmers neben Wohnung und Arbeitsplatz. Die Amerikaner, die diesen Begriff geprägt haben, verstehen darunter einen informellen Versammlungsort jenseits von beruflichen oder häuslichen Verpflichtungen. In den USA wurde z. B. die Coffeeshop-Kette „Starbucks" zu einem Synonym für den „Third Place", in Deutschland könnte es die Stammkneipe sein.

Thumbnail

„Daumennagel"; ungefähr so groß sind auch die digitalen Bildchen, die so bezeichnet werden. Durch Anklicken kann man sie entweder vergrößern oder herunterladen.

TIA

(Chat-/E-Mail-Kürzel) „Thanks in advance!" = „Vielen Dank im Voraus!"

TIFF

→ **Tag(ged) Image File Format**

Tiger Team

Gruppe von Software-Experten oder → **Hackern**, die eingestellt wird, um Fehler und Sicherheitslücken in einem Programm oder System aufzuspüren.

TLD

→ **Top Level Domain**

TLK2UL8R

(Chat-/E-Mail-Kürzel) „Talk to you later." = „Wir sprechen uns später (wieder)."; wird auch TTYL abgekürzt.

TMI

(Chat-/E-Mail-Kürzel) „too much input" oder „too much information". Dieser Begriff wird von Personen verwendet, die fürchten, in der Informationsflut unterzugehen.

Top Level Domain (TLD)

Letzter Teil einer Internet-Adresse, also z. B. die Länderendung „.de" für Deutschland. Neben diesen länderspezifischen TLDs gibt es auch welche, die am Inhalt der Site orientiert sind: „.net" für Network, „.com" für kommerzielle Seiten, „.org" für nichtkommerzielle Organisationen. Außerdem existieren Top Level Domains, die nur von US-Stellen belegt sind: „.gov" für Seiten der Regierung, „.mil" für Militäreinrichtungen und „.edu" für Bildungseinrichtungen. „.int" benutzen internationale Organisationen wie die Vereinten Nationen. Weil die Zahl der Internet-Adressen (→ **Uniform Resource Locator**) langsam knapp wird, hat die → **ICANN** im Jahr 2000 sieben neue Endungen zugelassen. „.aero", „.biz", „.coop", „.info", „.museum", „.name", „.pro". → **Domain**

toter Briefkasten

E-Mail-Adresse, die dem Online-Kunden das tröstliche Gefühl gibt, eine Anlaufstelle vorzufinden. Der Posteingang wird aber ohne Umweg in den virtuellen Papierkorb umgeleitet. Häufig fangen Adressen solcher toten Briefkästen mit „support", „feedback" oder „kundenservice" an.

Touch Screen

Diese Technik macht Bildschirme empfindlich, und zwar für Berührungen. Dazu wird eine durchsichtige, druckempfindliche Membran über den eigentlichen Bildschirm gezogen. Damit kann ein Benutzer nun den Computer steuern: durch Druck auf die entsprechenden Bildschirmsymbole. Nachteil ist, dass sich diese Navigationsmethode nicht für sehr kleinteilige Bildschirmdarstellungen eignet.

Trade Sale

→ **Exit**

Traffic

Datenverkehr auf einem Server. Wenn der Traffic zu hoch ist, droht Stau auf der Datenautobahn.

Transmission Control Protocol (TCP)

De-Facto-Standard für die Datenübertragung im Internet. Nach den Regeln, die im Transmission Control Protocol festgelegt sind, können Server eine Verbindung aufbauen. Außerdem sorgt TCP zusammen mit dem → **Internet Protocol** dafür, dass die übers Internet verschickten Daten richtig ankommen. Die Datenpakete werden durch TCP wieder in der richtigen Reihenfolge zusammengesetzt.

Trap

→ **Mousetrapping**

Treeware

Scherzhafte Bezeichnung für Handbücher, Gebrauchsanweisungen und alles weitere, was sonst noch auf Papier gedruckt ist. → **Dead Tree Edition**

Tribes

„Stämme"; neue Zielgruppenkategorisierung, die auf den Medientheoretiker Norbert Bolz zurückgeht. Dahinter steckt die Erkenntnis, dass herkömmliche Einteilungen (z. B. nach Alter oder Einkommen) wegen der zunehmenden Individualisierung nicht mehr greifen. Mit dem weniger präzisen Begriff der unterschiedlichen Stämme kann die Wirklichkeit besser beschrieben werden. Dabei muss sich das Marketing laut Bolz nicht bemühen, die Stämme um jeden Preis zu verstehen – wichtig ist dagegen, eine authentische Sprache zu sprechen.

Triple Witching Day

„Dreifacher Hexensabbat"; der Tag, an dem wichtige Termingeschäfte an der Börse gleichzeitig auslaufen. Dies geschieht jeweils zum letzten Freitag in einem Quartal. Die Börse reagiert an diesen Tagen oft ganz besonders unruhig.

Trojaner

Bestimmte Form eines → **Computervirus**. Dabei wird – ebenso wie beim Prinzip des Trojanischen Pferdes – das schädliche Programm in einer anderen, für den Anwender nützlichen Software versteckt.

Trojanisches Pferd

→ **Trojaner**

TTYL

→ **TLK2UL8R**

Twenty-four Seven (24/7)

24/7 – diese Zahlenfolge bedeutet „24 Stunden lang an sieben Tagen in der Woche", also rund um die Uhr.

Typosquatting

Sonderform des → **Domaingrabbing**; dabei wird darauf spekuliert, dass sich einige User beim Eingeben einer Internet-Adresse vertippen. Der Typosquatter lässt sich also nicht die richtige Domain registrieren, sondern Abwandlungen mit Tippfehlern.

UBM

→ **Unsolicited Bulk Mail**

UCE

→ **Unsolicited Commercial E-Mail**

UDP

→ **Usenet Death Penalty**

UDRP

→ **Uniform Domain Name Dispute Resolution Policy**

UMTS

→ **Universal Mobile Telecommunications System**

Unguided Missile

„Ungelenkte Rakete"; ein Mitarbeiter, der durch seine notorische Unangepasstheit oder durch seinen Hang zu Wutausbrüchen permanent Probleme verursacht.

Unicast

Herkömmliche Form des → **Streamings**. Für jeden Benutzer ist hierbei ein Datenstrom nötig, was z. B. die Zahl der potenziellen Hörer eines → **Netradios** begrenzt.

Unified Messaging

„Vereinheitlichte Kommunikation"; dahinter steckt der Gedanke, Mitteilungen auf jedem beliebigen Gerät empfangen zu können, egal ob sie als → **SMS**, Fax, E-Mail oder Sprachnachricht verschickt worden sind. Problematisch beim Unified Messaging ist das fehlerfreie → **Konvertieren** der Daten.

Uniform Domain Name Dispute Resolution Policy (UDRP)

Verhaltensregeln, die die → **ICANN** für den Fall eines Streits um Namen (→ **Domain Name Server**) festgelegt hat. So soll z. B. → **Domaingrabbing** verhindert werden. In die UDRP gingen auch Vorschläge der UN-Behörde → **WIPO** ein.

Uniform Resource Locator (URL)

Der „Uniform Resource Locator" ist nichts anderes als die vollständige Internet-Adresse, also z. B. „http://www.changes.de". Wahlweise kann man auch die aus Zahlen bestehende → **IP-Adresse** schreiben, was aber natürlich wesentlich umständlicher und komplizierter ist.

Unique Selling Proposition

„Alleinstellungsmerkmal"; einzigartiges Verkaufsversprechen, das ein Produkt gegenüber anderen auszeichnet und nicht ohne Weiteres von der Konkurrenz kopiert werden kann. In Umlauf gebracht wurde der Begriff „Unique Selling Proposition" von Rosser Reeves mit dem Buch „Reality and Advertising" von 1960.

Unique Visitors

So wird die Maßzahl für die Beliebtheit von Internet-Angeboten genannt. Sie gibt an, wie viele unterschiedliche Internet-User das Angebot in Anspruch genommen haben. Dabei werden mehrmalige Besuche derselben Person jeweils nur einmal gezählt.

Universal Mobile Telecommunications System (UMTS)

Was die Fachleute als „Universal Mobile Telecommunications System" bezeichnen, steht für den Mobilfunk der dritten Generation. Dank der hohen Datenübertragungsraten werden völlig neue Anwendungen möglich. So können problemlos Fotos, Straßenkarten, ja sogar Filme in Fernsehqualität übertragen werden.

Unsolicited Bulk Mail (UBM)

An unzählige Adressen verschickte E-Mail, die nicht Werbezwecken dient.

Unsolicited Commercial E-Mail (UCE)

Freundlicher Begriff für → **Spam**: Unaufgefordert („unsolicited") zugesandte Werbe-E-Mail. Solche Massensendungen verstopfen die Server und kosten beim Herunterladen viel Online-Zeit.

Unsubscribe

Um einen Newsletter abzubestellen, muss man dem Herausgeber häufig eine E-Mail mit der Betreffzeile „unsubscribe" („abbestellen") schicken.

Uphill Communication

„Bergauf-Kommunikation"; schwierige Gespräche, oftmals mit Kunden, die sich als extrem mühsam und fruchtlos erweisen.

URL

→ **Uniform Resource Locator**

Usenet

Ein Teil des Internets, das entgegen einem weit verbreiteten Irrtum nicht nur aus dem → **World Wide Web** besteht. In so genannten → **Newsgroups** können Benutzer zu allen möglichen Themen ihre Meinung äußern.

Usenet Death Penalty (UDP)

Begriff aus dem Bereich der → **Newsgroups** im → **Usenet**. Er bedeutet „Todesstrafe im Usenet", richtet sich aber nicht gegen eine Person, sondern gegen Internet-Adressen, die Newsgroups mit überflüssigen (Werbe-) Botschaften überfluten. Nach Diskussion und Abstimmung in einer zuständigen Newsgroup wird den Administratoren empfohlen, keine Nachrichten mehr von der betroffenen Internet-Adresse weiterzuleiten. Meist genügt schon die Drohung mit dieser Strafe.

User Tracking

Das unbemerkte Verfolgen der Spur eines Internet-Surfers. Dies kann z. B. über → **Cookies** geschehen. Ziel ist es, ein detailliertes Kundenprofil (→ **Consumer Profiling**) anzulegen. Von User Tracking spricht man aber auch bei der Auswertung der Logbücher einer Website, der so genannten Logfiles. Mit ihnen kann man feststellen, welche Bereiche eines Internet-Angebots bei den Usern besonders beliebt sind. Der eigentliche Begriff dafür ist → **Web Tracking**.

Value Chain Management

Der Versuch, dem Kunden ein hochwertiges Produkt zu liefern, und dabei gleichzeitig die Kosten so niedrig wie möglich zu halten. Das Value Chain Management beobachtet dazu ein Produkt von der Herstellung über die Verpackung und den Verkauf bis hin zu seiner Entsorgung und sucht dabei nach Einsparpotenzialen.

Vaporware

„Dampfware" nennt man Software (oder Hardware), von der nichts bleibt als die heiße Luft der Vorankündigung. Manche Unternehmen setzen den Dampfstoß sogar gezielt ein, um damit die Kunden zu bewegen, lieber auf das Update der bekannten Software zu warten, als zum neu entwickelten Produkt der Konkurrenten zu wechseln.

VC

→ **Venture Capital**

Venture Capital (VC)

„Risikokapital"; gängige Art der Finanzierung von → **Start-ups**, die nicht über genügend Eigenkapital verfügen. VC-Geber haben sich darauf spezialisiert, riskante Jungunternehmen zu finanzieren, die oft nicht mehr vorweisen können als eine Idee und einen → **Business Plan**. Die Erfolgsquote der Venture Capital-Geber liegt bei etwa 1:9. D. h., dass das Geld in acht von neun Fällen unwiederbringlich verloren ist. Der eine Fall, der zu einem Erfolg wird, gleicht dies durch immens hohen Gewinn allerdings aus.

Venture Capitalist

Der Investor von Risikokapital (→ **Venture Capital**).

Venture Management

Davon spricht man, wenn ein Risikokapitalgeber nicht nur Kapital mitbringt, sondern einem jungen Unternehmen auch mit Beratungsleistung zur Seite steht und seine Erfahrungen aus der Wirtschaftspraxis teilt.

vertikales Portal

→ **Portal**

Video on demand

Die Möglichkeit, einen Film auszuleihen, ohne in die Videothek gehen zu müssen. Bei Video on demand kommen die Daten nämlich per Leitung ins Haus. Nötig sind dafür allerdings Verbindungen mit einer relativ hohen → **Bandbreite**.

virales Marketing

Marketingtheorie, die nicht auf groß angelegte Kampagnen setzt, sondern auf eine Art moderne Mundpropaganda: Wie ein Computervirus soll sich die Information unter den Konsumenten verbreiten. Als bestes Beispiel dafür gilt die Vermarktung des Films „The Blair Witch Project". Leider lässt sich das virale Marketing aber kaum steuern. Ungesteuertes virales Marketing wie der verspätete Massenerfolg des „Moorhuhn"-Spiels kommt dagegen häufiger vor. Das Phänomen ist Verlagen, Musikproduzenten und Designern schon lange bekannt, hat aber durch neue „Mundpropaganda"-Möglichkeiten wie E-Mail, → **Chat** und → **SMS** an Bedeutung gewonnen. → **Guerilla-Marketing**

Virtual CEO

„Virtueller Geschäftsführer"; Manager, der sich in der Frühphase der Entwicklung bei einem → **Start-up** einsetzt. Meist übernimmt er beratende Tätigkeiten und arbeitet eng mit der eigentlichen Geschäftsführung zusammen. Beginnt das Geschäft zu laufen, zieht er sich zurück. Oft wird ein Virtual CEO von den Venture Capital-Gebern (→ **Venture Capital**) beauftragt und bei mehreren Start-ups gleichzeitig eingesetzt; es handelt sich also um eine Form des → **Venture Managements**.

Virtual Host

Technik, die es ermöglicht, einen Server für zahlreiche verschiedene Internet-Adressen zu benutzen. Bei der Eingabe unterschiedlicher Adressen wird der Benutzer dann immer an ein und dieselbe → **IP-Adresse** geleitet.

Virtual Reality

Eintauchen in eine künstliche Wirklichkeit mittels Computer und Datenbrille. Außer für die Spielebranche ist die Virtual Reality z. B. für Architekten oder Designer interessant.

virtuelle Arbeitsgruppe

Zusammenschluss von Mitarbeitern über ein → **Intranet** oder über das Internet. Manchmal sitzen die Mitglieder einer solchen Arbeitsgruppe sogar auf verschiedenen Kontinenten. Durch die Zeitverschiebung ist es so möglich, dass 24 Stunden an einem Projekt gearbeitet wird. → **E-Lancer**

virtuelle Universität

Hochschule, bei der das gesamte Lehrprogramm sowie der Prüfungsablauf über das Internet organisiert wird. Die Studenten können zu Hause arbeiten und halten per E-Mail Kontakt zu den Professoren. Pädagogen sehen darin keinen Ersatz für die Präsenz-Universität, wohl aber eine Ergänzung, die gerade auch vielen berufstätigen Teilzeitstudenten die Ausbildung erleichtert.

Visit

„Besuch"; Anzahl der Besucher auf einer Website. Ähnlich wie die Einschaltquote beim Fernsehen bestimmt sie maßgeblich die Preise für Werbebanner (→ **Banner**) auf einer Website – egal, ob der Besucher das Banner beachtet hat oder nicht. → **Page Impression**

Visitenkarte

Website, die meist auf eine Seite oder ein sehr geringes Datenvolumen beschränkt ist. Entweder dient sie Privatpersonen dazu, Präsenz im Netz zu zeigen, oder sie belegt einen Domain Namen (→ **Domain Name Server**), bis ein Unternehmen seinen Internet-Auftritt ausbaut.

Voice over IP

→ **Internet-Telefonie**

Voice XML

Weiterentwicklung von → **HTML**, die Internet-Seiten mit Sprachausgabe möglich machen soll.

Voodoo-Programmierung

Der Ausdruck umschreibt den Umstand, dass manche Programmierer den Software-Code anderer Programmierer benutzen, ohne zu verstehen, was der Code bedeutet. Dies kann eine Quelle ärgerlicher → **Bugs** sein.

Vortal

Kurzform für vertikales → **Portal**.

Vulkanier- Griff

Tastenkombination Strg+Alt+Entf (Ctrl+Alt+Del auf QWERTY-Tastaturen (→ **QWERTY**), mit der eine fehlerhafte Programmanwendung geschlossen werden kann. Der Ausdruck bezieht sich auf den Griff, den der Vulkanier Mister Spock in der Fernsehserie „Raumschiff Enterprise“ anwendete, um auf diese Weise seine Gegner zu lähmen.

Vulture Capital

„Geierkapital“; bezeichnet Geldgeber, die bei einem → **Start-up** nur auf die schnelle Mark aus sind. Die Strategie heißt also: so schnell wie möglich an die Börse, abkassieren und weiter.

WAI

→ **Web Accessibility Initiative**

Wallet

„Geldbörse“; Software, die den → **E-Commerce** für den Kunden leichter machen soll. Dabei werden häufig benötigte Angaben wie Name, Adresse und Kreditkartennummer auf der Festplatte gespeichert und nach Eingabe eines Passwortes automatisch an den Händler weitergeleitet. Es entfällt also das umständliche Ausfüllen der Formulare. → **Electronic Commerce Modeling Language**

Wampum

Ursprünglich die Tauschwährung der US-amerikanischen Indianer. Heute steht die Bezeichnung für die Aktien eines Unternehmens, die bei einer → **Akquisition** oder einem Zusammenschluss als Währung eingesetzt werden. Der Begriff geht zurück auf den „General Electric“-Chef Jack Welch.

WAN

→ **Wide Area Network**

WAP

→ **Wireless Application Protocol**

WAPwednesday

Eine dem → **First Tuesday** nachempfundene Kontaktbörse für Jungunternehmer aus dem → **M-Commerce**. → **Wireless Wednesday**

Warez

Raubkopierte Software oder Websites, über die Raubkopien vertrieben werden. Das „Z“ am Ende kann auch auf andere illegale Seiten verweisen: „Serialz“ bieten Seriennummern für kopiergeschützte Software an. „Moviez“ haben sich der Piraterie von Video- oder DVD-Filmen verschrieben. In jedem Fall verstößt ein Benutzer dieser Dienste gegen das Urheberrecht. Außerdem droht die Gefahr, sich in diesen Gegenden des Internet-Angebots einen → **Computervirus** einzufangen.

WAV

Endung von Shockwave-Dateien (→ **Shockwave**).

WDALYIC

(nicht sehr freundliches Chat-/E-Mail-Kürzel) „Who died and left you in charge?" = „Wer ist gestorben und hat dir die Verantwortung übertragen?"

Wearable Computer

Kleiner tragbarer Computer in Walkman-Größe, der zum Alltagsbegleiter werden soll. Zusammen mit einer Datenbrille ermöglicht er Anwendungen wie → **Augmented Reality**.

Web Accessibility Initiative (WAI)

Initiative des → **W3C**, die das Internet auch (Hör- oder Seh-)Behinderten leichter zugänglich machen soll. Sie formuliert Anregungen für die behindertengerechte Gestaltung einer Homepage, z. B. Texterklärungen zu Grafiken zu liefern, die dann in Blindenschrift ausgegeben werden können.

Web Bug

Diese „Internet-Wanze" hat sich auf vielen Seiten versteckt. Es handelt sich um eine Grafik, die die Größe eines Bildpunktes hat und damit für das menschliche Auge nicht wahrnehmbar ist. Die Wanze wird für Zählverfahren und zum → **Data Mining** verwendet, weil ihr Abruf vom Server protokolliert werden kann.

Web Grabbing

Das „Abgreifen" von kompletten Websites. Sie werden mit allen Texten und Grafiken auf den lokalen Rechner heruntergeladen und können offline betrachtet werden. Das spart Online-Zeit. → **Prefetcher**

Web Hosting

Vemieten von Speicherplatz und Service für Websites.

Web Mail

Internetbasierter E-Mail-Dienst. Die Abfrage des Briefkastens erfolgt dabei mit einem → **Browser** im → **World Wide Web** und ist deshalb vom Standort des Benutzers unabhängig. → **Freemailer**, → **Unified Messaging**

Web Tracking

Häufig auch als → **User Tracking** bezeichnet. Gemeint ist das Auswerten der so genannten Logfiles. Dies sind Dateien, die über die Seitenabrufe Auskunft geben. So kann festgestellt werden, welche Bereiche eines Angebots besonders häufig besucht werden.

Webification

Der Begriff bezeichnet die Umwandlung von verschiedensten Inhalten in

eine Form, die eine Darstellung im Internet ermöglicht.

Webinar

Ein Seminar, das im Internet abgehalten wird, z. B. an einer → **virtuellen Universität**.

Webisodes

Zusammensetzung aus „web" und „episodes"; damit ist eine Art Fernsehserie im Internet gemeint.

Weblift

Ein Facelift für eine Website, also die Auffrischung derselben. Wie bei anderen Medien spricht man hier auch von einem Relaunch.

Web- Mall

„Einkaufszentrum im Internet"; ähnlich wie im realen Leben bieten auch in der Web-Mall verschiedene Firmen ihre Produkte zum Kauf an. Inzwischen werden viele Malls durch → **Portale** zusammengefasst, so dass sich der Kunde problemlos und zeitsparend über ein breites Angebot informieren kann.

Webologie

Das Studium des Inhalts, der Struktur und der Verbindungen des Internets und vor allem des → **World Wide Webs**.

Webpad

Gerät, das das Internet-Surfen ohne Computer möglich machen soll. Es handelt sich im Wesentlichen um einen großen und flachen, meist berührungsempfindlichen Bildschirm, mit dem in Internet-Angeboten navigiert werden kann. Seine Daten erhält es drahtlos über Funktechnik. Diese Geräte sollen auch solchen Kunden das Internet schmackhaft machen, die einen Computer nicht bedienen können oder wollen.

Web-Präsentation

Besprechung, die durch eine spezielle Software im Internet abgehalten wird. Die räumlich verteilten Teilnehmer können darüber die Vorlagen und Informationen des jeweiligen „Vortragenden" mitverfolgen. Die Kommunikation läuft über → **Chat** oder → **Streaming** von Bild und Ton.

Webring

Websites, die sich mit demselben Thema beschäftigen und die untereinander „verlinkt" sind. So bildet sich eine Kette von Sites, an der sich ein Benutzer entlanghangeln kann. Ein Webring ist ein beliebtes Mittel zur → **Netpromotion**.

Webspace

Darunter versteht man den Speicherplatz, den ein Internet-Provider für die Homepages seiner Kunden zur Verfügung stellt.

Web-Tour

Eine Art Diashow im Internet: Anbieter von Web-Touren zeigen eine Auswahl von Homepages zu einem Thema, wobei in regelmäßigen Abständen die Website gewechselt wird. (Unerfahrene) Benutzer erhalten auf diese Weise eine kurze Reiseführung durchs Netz.

Webucation

Verschmelzung aus „web“ (für „Internet“) und „education“ („Erziehung“, „Ausbildung“); Weiterbildungsangebote im Netz. Laut Einschätzung von Managementberater Peter Drucker gibt es für Webucation „einen globalen Markt, der potenziell Hunderte von Milliarden Dollar wert ist.“

Webwasher

Software, die Werbebanner (→ **Banner**) aus einer Internet-Seite filtert. Dadurch sinkt das Datenvolumen und die Seite baut sich schneller auf. Die Werbeindustrie ist darüber verständlicherweise wenig erfreut.

Weenie

Teilnehmer eines → **Chats**, der gegen die → **Netiquette** verstößt. Ein Weenie kann aber auch jemand sein, der sich mit einer bestimmten Software besonders gut auskennt, z. B. ein Linux-Weenie (→ **Linux**).

Wetware

Ohne Wetware gäbe es keine Hard- und Software. Wetware bezeichnet den Menschen und sein Gehirn, ohne das alle Computer und ihre Programme sinnlos wären.

Wheel Reinventions

Die „Neuerfindung des Rades“ kann im 21. Jahrhundert kein großer Erfolg mehr sein. Deswegen bezeichnet man mit diesem Begriff auch (überflüssige) Doppelarbeit. Das Gegenteil eines Synergie-Effekts (→ **Synergie**).

White Knight

So romantisch können „feindliche Übernahmen“ enden: In Gestalt des Weißen Ritters übernimmt ein Unternehmen eine bedrohte Firma – mit Einverständnis des Managements und natürlich anstelle des unerwünschten Käufers.

Wide Area Network (WAN)

Im Gegensatz zu → **LAN** beinhaltet das „weitgespannte Datennetz“ sowohl öffentliche Netze (z. B. → **ISDN**), als auch Netze privater Anbieter.

Wildcard

Begriff aus der Szenario-Technik, bei der man mit „Worst Case“ und „Best Case“-Überlegungen versucht, die Zukunft zu planen. Die Wildcard ist dabei ein sehr unwahrscheinliches Ereignis, das aber im Falle seines Eintretens einen sehr nachhaltigen Effekt auf die Zukunft hat. Z. B. hielt man die Mikrowellentechnik lange Zeit für eine Wildcard, weil niemand glaubte, dass sie sich durchsetzen würde. Als sie es schließlich tat, hat sie die Ernährungsweise der westlichen Welt grundlegend verändert. Auch: Platzhalter, der ein einzelnes Zeichen oder eine ganze Zeichenfolge z. B. bei einer Sucheingabe ersetzt, man versteht darunter v. a. die Zeichen „?“ und „*“.

Win-win-Situation

Situation zum beiderseitigen Vorteil. Die in der Wirtschaft sonst allgegen-

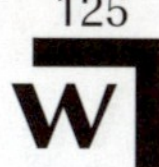

wärtige Logik des Nullsummenspiels – was der eine gewinnt, muss ein anderer irgendwo verlieren – ist hier außer Kraft gesetzt. Oft das Ergebnis eines Synergie-Effekts (→ **Synergie**).

WIPO

→ **World Intellectual Property Organization**

Wireless Application Protocol (WAP)

Was früher nur mit dem Computer möglich war, lässt sich mittlerweile auch mit dem Handy bewerkstelligen: das Surfen im Internet.

Wireless Wednesday

Eine dem → **First Tuesday** nachempfundene Kontaktbörse für Jungunternehmer aus dem → **M-Commerce**. → **WAPwednesday**

Wissensmanagement

→ **Knowledge-Management**

Wizzard

Programm, das den Benutzer Schritt für Schritt durch eine Aufgabe führt und deshalb auch als „Assistent" bezeichnet wird. Wizzards werden häufig bei der Installation einer neuen Software benutzt. Es gibt aber auch Wizzards, die beim Basteln einer eigenen Homepage helfen.

Worcation

Zusammensetzung aus „work" („Arbeit") und „vacation" („Urlaub"); angenehme Form der Heim- oder Telearbeit.

Word of mouse

Wortspiel mit „Word of mouth" („Mundpropaganda"). Die deutsche Übersetzung wäre also „Mauspropaganda". Gemeint ist jegliche Kommunikation per Computer, also per E-Mail, in Chaträumen (→ **Chat**) und → **Newsgroups**.

Workflow

„Arbeitsfluss"; bei Computerprogrammen bezeichnet er jene Arbeitsschritte, die notwendig sind, um das gesteckte Arbeitsziel zu erreichen.

Workstation

Abgespeckter Computer, der fast nur aus einer Tastatur und einem Bildschirm besteht (auch Terminal genannt). Der Speicherplatz und alle Programme liegen auf einem zentralen Computer, dem → **Mainframe**. Beim → **Network Computing** sollen die Workstations aber ihre Informationen und Daten direkt von verschiedenen Servern im Internet beziehen.

World Intellectual Property Organization (WIPO)

UN-Behörde in Genf, die sich um die Überwachung der Urheber- und Markenrechte kümmert. Sie ist eine Art Gerichtsinstanz beim Streit um Internet-Adressen. → **Domaingrabbing**, → **UDRP**

World Wide Web (WWW)

Der Begriff wird oft gleichbedeutend mit „Internet" gebraucht, obwohl das World Wide Web nur einer von vielen Internet-Diensten ist. Weil im WWW aber das einfache Navigieren mit grafischen Symbolen und → **Links** in einem → **Browser** möglich ist, ist es der Teil des Internets, der den größten Popularitätsschub erfahren hat. → **Usenet**

World Wide Web Consortium (W3C)

Dahinter verbirgt sich ein Zusammenschluss aus über 200 Forschungseinrichtungen, Firmen und anderen Organisationen. Sie beraten über neue Standards für das Internet, setzen die Normen (z. B. für → **HTML** und seine Weiterentwicklungen) und stellen diese kostenlos der Öffentlichkeit zur Verfügung.

Wreckground Image

Wortspielerische Verschmelzung von „to wreck" (= „vernichten") und „background image" („Hintergrundbild"). Der Begriff bezeichnet Hintergrundbilder, die eine Internet-Seite zerstören, weil sie den Text darauf unlesbar machen.

Wurm

Ein Wurm befällt das E-Mail-Programm und verschickt sich selbstständig an alle dort gespeicherten Adressen. Häufig versteckt er sich in einem E-Mail-Anhang (→ **Attachment**), weshalb man den Anhang von E-Mails unbekannter Herkunft nicht öffnen sollte. → **Computervirus**

WWW

→ **World Wide Web**

Wysiwyg

Spricht sich „wisiwig" und steht für „What you see is what you get". Meint den Sachverhalt, dass die Bildschirmdarstellung eines Dokumentes der Druckversion entspricht. Im erweiterten Sinn aber auch, dass ein bestelltes Produkt in Wirklichkeit genauso aussieht wie im Katalog.

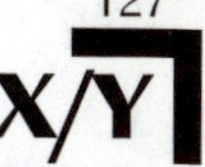

XML

→ **Extensible Markup Language**

Y2K

Abkürzung für das „Jahr 2000-Problem" („Y" steht für „year"; das „K" für die Maßeinheit „Kilo", also 1.000 – wie in Kbyte = 1.000 → **Byte**). Schon Monate vor dem Jahreswechsel 1999/2000 ging in der Computerindustrie die Angst um, dass die Datumsumstellung ein Chaos auslösen könnte. Denn die Jahreszahl wird in vielen Systemen nur zweistellig angegeben. Die „00" für das Jahr 2000 hätten viele Computer aber als „1900" interpretieren können. Hätten – denn die befürchteten Probleme und das damit verbundene Chaos sind (auch durch rechtzeitige Umrüstung) weitgehend ausgeblieben.

YABA

(Chat-/E-Mail-Kürzel) „Yet another bloody acronym." = „Noch so eine dämliche Abkürzung."

YAUD

(Chat-/E-Mail-Kürzel) „yet another useless definition" = „noch eine nutzlose Definition"

Yestertech

„Technik von gestern", die aber meistens in einem positiven Zusammenhang gesehen wird. Yestertech leidet nicht unter → **Featuritis** wie viele neue Produkte und ist deswegen auch nicht so häufig Ursache von → **IT rage**.

Yettie

Abkürzung für „Young entrepreneurial, tech-based twenty-somethings" – „junge, unternehmerische, technikorientierte Mittzwanziger". Der Begriff soll zum ersten Mal im März 2000 im amerikanischen Magazin „Talk" aufgetaucht sein. Der „Yettie" soll den typischen Internet-Gründer beschreiben und ist ungefähr das, was der „Yuppie", der „Young urban professional", in den 80ern war.

Zen mail

Eingehende E-Mail, die weder einen Text noch ein → **Attachment** enthält – sehr meditativ!

ZIP

Dieses Kürzel hängt am Namen von Daten, die nach einem bestimmten Verfahren komprimiert wurden. Durch dieses Verfahren lassen sie sich leichter übers Internet verschicken. Das zugehörige Verb lautet „zippen". Entsprechend muss der Empfänger die Datei wieder „unzippen". Das .zip spielt auf den Reißverschluss (engl. „zip") an – die Daten werden wie die zwei Teile eines Reißverschlusses ineinander geschoben. Die Bezeichnung geht auf den Erfinder dieses Komprimierungsstandards, Phil Katz, zurück, der das Programm „Pkzip" 1986 schrieb. Es verbreitete sich sehr schnell weltweit, da es kostenlos als → **Shareware** verteilt wurde.

Zombie

Verlassene Website, die völlig veraltet und ungepflegt ist, also praktisch ein lebender Toter im Netz. → **Spinnwebsite**

Zoo

Internet-Seite, die eine Sammlung von → **Computerviren** enthält. In einigen Ländern (nicht in Deutschland) ist der Besitz von Viren allerdings strafbar.